Kreislaufwirtschaft – Ein Ausweg aus der sozial-ökologischen Krise?

Ein Blick aus der Zukunft 1

Es ist das Jahr 3.018 nach Christi. Ein Archäologie-Team befindet sich auf dem mittlerweile unbewohnten europäischen Kontinent und gräbt nach den Spuren des beginnenden 21. Jahrhunderts. Nachdem sie sich durch die meterdicken Schichten der letzten Eiszeit gegraben haben, finden sie Spuren einer vergangenen Zivilisation.

Was graben unsere Nachkommen aus? Höchstwahrscheinlich einen riesigen Haufen Müll. 3,5 Millionen Tonnen Abfall wurden in 2010 täglich auf der ganzen Welt produziert, bis 2025 soll sich diese Menge fast verdoppeln, bis 2100 verdreifachen (Hoornweg et al. 2013). 2015 wurden allein in der EU pro Kopf und Tag 13,5 kg Müll erzeugt (Eurostat 2014).

Mit diesen Müllbergen haben die Archäolog*innen aus der Zukunft bereits gerechnet, kennen sie doch ihre Urahn*innen für ihre Verschwendungssucht und den wenig nachhaltigen Umgang mit Ressourcen. Doch eines überrascht sie: Ein großer Teil des Mülls wäre noch gebrauchsfähig: Elektroschrottberge mit Geräten, die kaum genutzt wurden oder nur leicht kaputt sind. Höhlen voller kaum getragener Kleidungsstücke und nur leicht verschlissener Möbel. Und riesige Mengen – mittlerweile versteinerter – Lebensmittel. Viele Fundstücke scheinen auch so schlecht und billig konstruiert zu sein, dass die Wissenschaftler*innen aus der Zukunft sich wundern, dass sie überhaupt funktioniert haben. Und noch mehr wundert sie, warum man überhaupt Ressourcen dafür verbraucht hatte, etwas zu produzieren, dass dann kaum nützlich war? Und warum wurden die Dinge dann einfach entsorgt und zu Müllbergen gestapelt, anstatt sie zu reparieren, sie weiter zu geben oder zumindest das Material und die Rohstoffe zurückzugewinnen, die in ihnen stecken? Was war da los bei den Menschen um die letzte Jahrtausendwende?

Diese Frage stellt sich nicht nur aus Zukunftsperspektive, sondern sie ist aktuell wie nie. Wie kommt es, dass die Müllberge immer weiter wachsen und gleichzeitig die Rohstoffe und natürlichen Ressourcen – wie fossile Energieträger, Mineralien und Metallerze – weltweit schwinden und immer knapper werden?

Mit dieser Frage befasst sich der vorliegende Band der Schriftenreihe Nachhaltigkeit. Er will zum einen beleuchten, wie die drängenden Probleme der modernen Weltgesellschaft, wie Umweltverschmutzung, Klimawandel, Ressourcenknappheit und soziale Ungerechtigkeit dadurch entstehen, wie wir produzieren, konsumieren und wirtschaften. Darauf aufbauend soll auf die Thematik der Kreislaufwirtschaft oder vielmehr der Circular Economy als möglichen Lösungsansatz eingegangen werden. Da eine rein wirtschaftliche Lösung aber nicht ausreicht, um die vielen miteinander zusammenhängenden Probleme zu lösen, soll das Zukunftsszenario einer Kreislaufgesellschaft (Circular Society) vorgestellt werden. Die Kreislaufgesellschaft orientiert sich am Leitbild der nachhaltigen Entwicklung und bezieht alle Bürger*innen in den gesellschaftlichen Wandlungsprozess mit ein. Das Konzept besteht bisher nur als eine erste Skizze. Der vorliegende Band kann daher auch als Einladung verstanden werden, an der Weiterentwicklung einer Circular Society mitzuwirken.

Die moderne Welt in der Krise

2

1. PROBLEMATIK EINER LINEAREN WIRTSCHAFTSLOGIK UND DER ÜBERFLUSSKULTUR
2. PLANETARE GRENZEN UND DIE FOLGEN DER ÖKONOMISIERUNG DER NATUR

2.1 Problematik einer linearen Wirtschaftslogik und der Überflusskultur

Eine zentrale Ursache für gegenwärtige Umweltprobleme und Ressourcenknappheit liegt in der linearen Logik, die das weltweite Produzieren, Handeln und Wirtschaften heutzutage kennzeichnet. Lineare Logik, das heißt einfach gesagt: Ressourcen werden aus der Natur und Erde entnommen und so verarbeitet und genutzt, dass sie nicht wieder in natürliche Kreisläufe zurückgeführt werden und meist in Form von Müll oder Emissionen (aus der Müllverbrennung) die Natur verschmutzen. Ein Beispiel: Smartphones sind mittlerweile allgegenwärtig und für die meisten Menschen nicht aus dem Alltag wegzudenken. In Deutschland gibt es mittlerweile 57 Millionen Smartphone-Nutzer*innen, das sind fast 80% aller Bürger*innen (Statista und Bitkom). Im Schnitt wird alle zwei bis drei Jahre ein neues Gerät gekauft, wobei die Nutzungsdauer je nach Nutzer*in sehr unterschiedlich sein kann: Manche Menschen nutzen ihre Geräte bis zu neun Jahre, andere tauschen es mindestens jedes Jahr aus (Jaeger-Erben & Hipp 2017).

Verfolgt man das „Leben" eines Smartphones von der Geburt, das heißt der Herstellung über den Handel und die Nutzung bis hin zum Lebensende auf einer Deponie oder im Recycling, dann lässt sich entlang der so genannten Wertschöpfungskette auch eine erhebliche „Schadschöpfung" feststellen (u.a. Hütz-Adams 2002). Die folgende Aufstellung nennt hier einige Beispiele:

TAB. 1:
SOZIAL-ÖKOLOGISCHE SCHADSCHÖPFUNG IM LEBENSZYKLUS EINES SMARTPHONES

Lebensphase	Beschreibung	Einige Beispiele für soziale und ökologische Schäden
Rohstoffförderung	Moderne Smartphones enthalten 50-75 verschiedene chemische Elemente, darunter sogenannte „Konfliktmineralien" (Tantal, Zinn, Wolfram, Gold), die als Rohstoffe oft in Krisengebieten in Entwicklungs- und Schwellenländern abgebaut werden sowie Seltene Metalle wie Neodym und Lanthan, die zwar nicht selten, aber nur in einer geringen Dichte in Mineralien vorkommen.	Starke Umweltverschmutzung durch Giftschlamm, denn zur Gewinnung weniger Gramm Seltener Metalle werden mehrere Tonnen Mineralgestein mit Säure ausgewaschen. In den Mineralminen im Kongo ist Kinderarbeit und Zwangsprostitution Alltag. Die Gewinne aus dem Verkauf der Mineralien fließen in die Bewaffnung von Rebellentruppen. Rohstoffe werden vor allem exportiert, Lasten und Gewinne sind extrem ungleich verteilt.
Komponenten- und Produktherstellung	Rohstoffe werden weltweit transportiert; mehr als 80% der Komponentenherstellung in Asien (vor allem China).	Hohe CO_2-Emissionen durch Transport, aber auch durch die Nutzung fossiler Brennstoffe zur Energieerzeugung in den Herstellerländern. Geringe Arbeits- und Gesundheitsschutz-Standards in Herstellerländern, schlechte Arbeitsbedingungen und Ausbeutung in der asiatischen Elektronikindustrie werden berichtet.
Handel	Komponenten werden in unterschiedlichen Teilen der Erde hergestellt und schließlich weltweit vertrieben. Auch Konsument*innen bestellen vermehrt ihre Geräte online auf dem globalen Markt und lassen sich aus China oder Südkorea ihr Smartphone liefern.	Herstellung und Transport machen über 80% des Energieverbrauchs und damit der Emissionslast eines Smartphones aus.
Nutzung	Weltweit gab es in 2016 2,1 Milliarden Smartphone-Nutzer*innen, im selben Jahr wurden 1,4 Milliarden Geräte abgesetzt, Tendenz steigend. In Deutschland beträgt die durchschnittliche Nutzungsdauer 2–3 Jahre, 60% kaufen ein neues Gerät, obwohl das alte noch funktioniert.	Ein Smartphone verbraucht wenig Energie, aber die Nutzung von Internet und Apps beansprucht immense Serverkapazitäten und damit Energie. Allein beim Anbieter Vodafone umfasst die notwendige Speicherkapazität mittlerweile 2,7 Petabyte[1]. Ablenkung durch Smartphone am Steuer ist in 2017 zur Unfallursache Nummer 1 aufgestiegen. Intensiver Smartphone-Konsum kann bei Kindern und Jugendlichen zu gesundheitlichen Beeinträchtigungen und psychisch-sozialen Entwicklungsverzögerungen führen[2].

Deponie, Recycling	Weltweit fielen im Jahr 2017 60 Millionen Tonnen E-Waste an, der Anteil mobiler Informations- und Kommunikations-Technologie (IKT) wird dabei immer größer. Ein großer Teil dieses Elekro(nik)schrotts landet auf Müllkippen und dem „Hinterhofrecycling" in Entwicklungs- und Schwellenländern.	Die Platinen und Akkus von Computern und Mobiltelefonen enthalten giftiges Metall, wie Blei, Cadmium oder Beryllium, die beim ungeschützten Auseinanderbauen und Recyclen schwere Gesundheitsschäden auslösen können. Bei Kindern, die nahe der afrikanischen Elektroschrott-Halden aufwachsen, konnten Entwicklungsverzögerungen und bereits genetische Mutationen festgestellt werden.

Quelle: Eigene Darstellung

In Wirtschaft und Politik wird oft von der sogenannten Wertschöpfungskette gesprochen, wenn es um die Produktion von Konsumgütern geht. Die Idee ist dabei, dass durch die Verarbeitung von Ressourcen zu einem handelsfähigen Produkt ein Wert entsteht, der monetär bezifferbar, das heißt in bares Geld und damit Gewinn zu übersetzen, ist. Zum Zeitpunkt des Verkaufs ist der Wert am höchsten, er nimmt mit der Nutzung kontinuierlich ab. Bereits nach dem Kauf können die neuen Besitzer*innen das Produkt nicht mehr zum Originalpreis weiter verkaufen. Auch für Konsument*innen hat ein neues Produkt oft einen größeren Wert, nicht nur finanziell, sondern auch ideell: Neues wird oft mehr wertgeschätzt als Altes. Gegen Ende der Lebensdauer wird der Wert wieder vernichtet, das Produkt wird deponiert, verbrannt oder im besten Falle recycelt. Der Wert für Hersteller und Konsument*innen geht also wieder gegen Null. Nicht berücksichtigt wird dabei, dass die im Produkt steckenden Ressourcen, sowohl bevor sie zur Herstellung des Produkts genutzt wurden, als auch nachdem das Produkt sein Lebensende erreicht hat, im Prinzip sehr viel wert sind. Besonders dann, wenn sie nur selten oder in geringen Mengen vorkommen und der Vorrat sich langsam zum Ende neigt. Vor diesem Hintergrund ist es besonders folgenschwer, dass es noch keinen etablierten Stoffkreislauf für Elektronik gibt, der die Wiederverwertung der auf engstem Raum verbauten Materialien ermöglicht. Durch die Wertschöpfung wird also nicht nur eine erhebliche Vielfalt und Masse an „Schadschöpfung" betrieben, sondern auch noch aktiv Wert vernichtet.

---

[1] Siehe auch: https://www.zdf.de/nachrichten/heute/smartphones-2040-groesste-klimakiller-100.html
[2] Siehe auch: https://www.medienverantwortung.de/wp-content/uploads/2009/07/20170206_Hessen_fragen_antworten_digitalisierung_101016.pdf

Das Fatale an der Schadschöpfung entlang des Produktlebens ist, dass sie nicht wie die Wertschöpfung irgendwann wieder auf Null zurückgeht. Die Schäden durch Umweltzerstörung, Ressourcenübernutzung, soziale und gesundheitliche Folgen der Produktion und Entsorgung bleiben der Menschheit noch lange erhalten, manche sind sogar irreversibel. Die folgende Abbildung stellt das grafisch dar.

ABB. 1:
ÖKONOMISCHE WERTSCHÖPFUNG UND SOZIAL-ÖKOLOGISCHE SCHADSCHÖPFUNG AM BEISPIEL SMARTPHONE

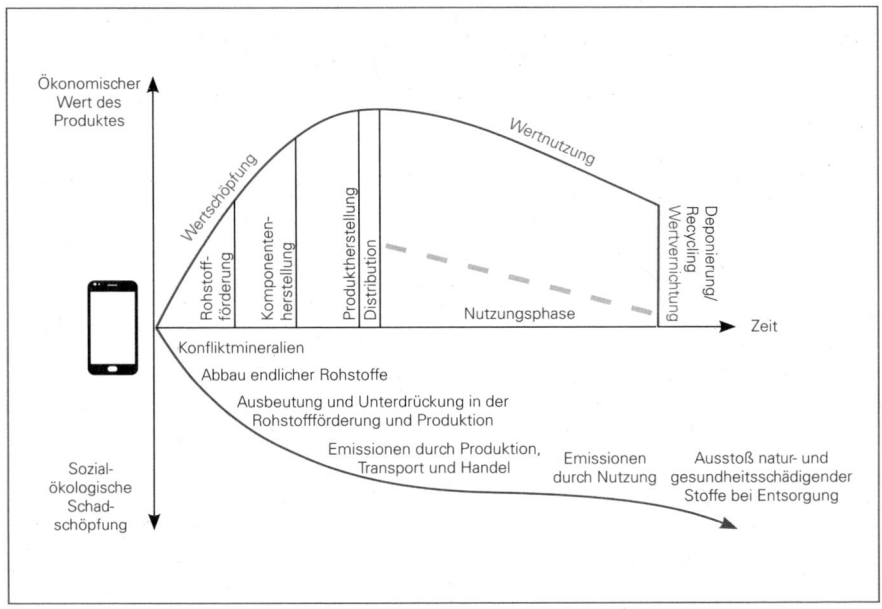

Quelle: Eigene Darstellung

Der Vergleich von sogenannter Wertschöpfung als Teil des Herstellungs- und Konsumprozesses und der Schadschöpfung als Begleiterscheinung oder Folge macht eine erhebliche Diskrepanz deutlich, die vor allem damit zusammenhängt, dass die Definition von Wert auf der einen und Schaden auf der anderen Seite auf unterschiedlichen Perspektiven und damit zusammenhängenden Annahmen beruht.

Das lineare Wirtschaftsmodell sieht Umwelt und natürliche Ressourcen vor allem als Rohstofflieferant, der einen billigen Grundstoff für die Herstellung des eigentlichen Wertes in Form eines Produkts liefert. Die Rohstoffe an sich haben zwar einen gewissen Wert, denn sie erzeugen beim Einkauf bzw. der Förderung Kosten. Dabei wird aber beispielsweise im Fall von endlichen Ressourcen wie Gold oder Öl nicht berücksichtigt, wie die Natur im Rahmen von zum Teil millionenjährigen Prozessen diesen Wert erst hat entstehen lassen, und dass dieser Wert kaum wieder in dieser Form und in diesem Umfang wieder herstellbar ist (Dunn 1993). Die immer noch steigenden Raten des Abbaus natürlicher und auch endlicher Ressourcen (UNEP 2016/2013) zeugen eher davon, dass dieser Fakt vernachlässigt wird. Die erste Annahme ist also: Natürliche Ressourcen stehen unendlich und vor allem billig zur Verfügung.

Im weiteren Verlauf des Wertschöpfungsprozesses spielen Natur und Umwelt eher indirekt eine Rolle: In die Atmosphäre werden Emissionen bei Produktion, Handel und Nutzung eingebracht, in die Hydrosphäre, d.h. die Gewässer und Ozeane gelangen Chemikalien und so weiter. Diese „Externalitäten" sind in die Wertschöpfung meist nicht eingepreist, das heißt für Verschmutzung und Vermüllung müssen weder Hersteller noch Konsument*innen bezahlen. Die zweite Grundannahme ist: Natürliche Systeme können dauerhaft als Senke der Emissionen und Abfälle aus Produktion und Konsum fungieren. Mittlerweile ist vielen Menschen – auch Wirtschaftsvertreter*innen (WTO 2011, WEC 2015) – ziemlich klar, dass diese Annahmen eigentlich Irrtümer sind und die Menschheit sich langfristig ihrer natürlichen Lebensgrundlagen beraubt.

Der Soziologe Ulrich Beck hat diese Einsicht und die daraus resultierenden Reaktionen und Aktivitäten zur Reduktion von Umweltschäden mit dem Begriff „Reflexive Modernisierung" beschrieben (Beck 1996). Das bedeutet: Die Modernisierung der Gesellschaft durch Industrialisierung, Technologieentwicklung und Wirtschaftswachstum bringt Folgen hervor, die in ihrer Fatalität zunehmend sichtbarer werden und den Fortschritt und die Modernisierung an sich bedrohen. Die Gesellschaft muss sich also in ihrer weiteren, zukünftigen Entwicklung vor allem auf die Begrenzung der gegenwärtigen Schäden ihrer vergangenen Entwicklung befassen. Das lineare Wachstumsmodell ist damit zu einem Teufelskreis geworden.

Die vorangehenden Überlegungen beziehen sich vor allem auf die natürliche Umwelt, die Schadschöpfungsbetrachtung stellt aber auch soziale Folgen und Schäden in allen Phasen der (ökonomisch-monetären) Wertschöpfung dar. Die Ausbeutung von Menschen beim Produktionsprozess, die Gefährdung der Gesundheit derjenigen, die die Rohstoffe abbauen und verarbeiten oder die den Elektroschrott unter fragwürdigen Bedingungen weiterverarbeiten – auch diese Externalitäten werden hingenommen oder ignoriert (Lessenich 2016, Amnesty International 2016). Die dritte folgenschwere Annahme ist daher analog zur Annahme billig verfügbarer Natur(ressourcen):

Menschliche Arbeitskraft und psychosoziale Gesundheit stehen billig zur Verfügung und dürfen verbraucht werden. Eine weitere fatale Annahme bezieht sich auf die Verteilung von geschöpftem Wert und erzeugtem Schaden, der global sowie entlang der Wertschöpfung ungleich verteilt ist. Zum einen werden Rohstoffe vorwiegend in Ländern des Südens, zum Beispiel auf dem afrikanischen Kontinent, abgebaut. Die daraus entstandenen Produkte kommen aber vor allem Konsument*innen in Industrieländern der Nordhalbkugel zugute (Brand & Wissen 2017; Ortega & Ulgiati 2004). Und auch die Gewinne aus dem Rohstoffabbau und -handel werden innerhalb der rohstofferzeugenden Länder extrem ungleich verteilt, wenn sie nicht von vornherein schon von einem global agierenden Unternehmen erwirtschaftet werden und gar nicht im Land bleiben (Oxfam International 2018/2015). Von dem geschöpften Wert in Form eines Produkts und seines Preises profitieren also nur ganz bestimmte Menschen und Menschengruppen, während andere einen erheblichen Schaden erleiden (Amnesty International 2016). Diesen Schaden nehmen beispielsweise Kinderarbeiter*innen in kongolesischen Kobalt-Minen notgedrungen, aber oft auch unwissentlich in Kauf, um wenigstens ein wenig Geld zu verdienen. Das heißt einen gewissen Profit erhalten auch sie, Lohn- und Beschäftigung sind jedoch ein sehr kurzfristiger und flüchtiger Wert, während der Schaden an Gesundheit und Psyche und für die kindliche Entwicklung langfristig ist. Organisationen wie Amnesty International haben unter anderem die Arbeiter*innen in Kobalt-Minen im Süden Kongos intensiv beobachtet und befragt, und neben einer fast gänzlichen Abwesenheit von Schutzvorrichtungen und Kleidung in und um die Minen eine Vielzahl von Menschenrechtsverletzungen, wie Kinderarbeit, körperliche Ausbeutung und Misshandlung, festgestellt (Amnesty International 2016). Es gibt also mindestens noch eine vierte, eher implizite Grundannahme, die das lineare Wirtschaftsmodell stützt und die lautet: Einige Menschen(gruppen) sind mehr wert als andere. Denn sie dürfen mehr Ressourcen nutzen und verbrauchen, mehr von den Wertschöpfungsprozessen profitieren und die Befriedung ihrer Gewinn- oder Konsumbedürfnisse ist mehr wert als die Gesundheit und das Wohlergehen anderer Menschen.

Ökologie und Soziales müssen also gleichermaßen betrachtet werden, sowohl wenn es um eine umfassende Analyse der Schadschöpfung geht, als auch wenn es kurzfristig um Strategien zur Reduktion der Schäden und langfristig um die Etablierung eines nachhaltigen Wirtschaftsmodells geht.

Ein vielversprechender Denkansatz in dieser Hinsicht ist die Idee der „Donut-Ökonomie", die im nächsten Kapitel beschrieben wird.

2.2 Planetare Grenzen und die Folgen der Ökonomisierung der Natur

Die modernen Formen des Wirtschaftens, Produzierens und Konsumierens haben immense sozial-ökologische Folgen – einige davon wurden bereits im vorangehenden Kapitel beschrieben. Um die globalen Folgen auf das Ökosystem umfassend zu beschreiben und gleichzeitig die Belastungsgrenzen der Erde aufzuzeigen, hat eine Gruppe von Wissenschaftler*innen um den Schweden Johan Rockström im Jahr 2009 das Konzept der planetaren Grenzen entwickelt und erstmals veröffentlicht. Dieses Modell nennt neun zentrale, globale Umweltveränderungen in essenziellen ökologischen Dimensionen, die eine hohe Belastung für das Erdsystem darstellen und, falls sie in ihrer Stärke und im Umfang über eine gewisse Belastungsgrenze hinausgehen, katastrophale Auswirkungen hätten. Das Modell bietet somit eine Vorlage für die Beobachtung von globalen Umweltveränderungen und definiert Messgrößen sowie Grenzwerte, und kann somit auch als Warnsystem genutzt werden. Während es bei einigen Dimensionen noch keine genauen Messgrößen gibt, hat die Klimaforschung in anderen Dimensionen bereits eine Überschreitung der Grenzen feststellen können. Die folgende Tabelle zeigt die Kategorien des Modells.

TAB. 2:
PLANETARE GRENZEN / PLANETARY BOUNDARIES

Dimension	Messgröße	Belastungsgrenze überschritten?
Klimawandel	CO_2-Konzentration in der Atmosphäre oder Strahlungsantrieb (W/m²)	ja
Biodiversitätsverlust	Aussterberate (Anzahl der Arten pro Million Arten pro Jahr)	ja
Ökosystemleistungen	noch nicht quantifiziert	
Biogeochemische Kreisläufe	anthropogener Stickstoff entfernt aus der Atmosphäre (Millionen Tonnen/Jahr), anthropogener Phosphoreintrag in die Meere (Millionen Tonnen/Jahr)	ja
Süßwasserverbrauch	globaler Wasserverbrauch (km³/Jahr)	nein
Landnutzung	Landfläche umgewandelt in Ackerland (%)	ja
Stratosphärischer Ozonabbau	stratosphärische Ozon-Konzentration	nein
Atmosphärische Aerosole		noch nicht quantifiziert
Belastung durch Chemikalien		noch nicht quantifiziert

Quelle: Rockström und Kollegen 2009

Die Planetary Boundaries konzentrieren sich vor allem auf die ökologischen Folgen menschlichen Handelns, die mittel- und langfristig das Überleben der Menschheit bedrohen und bereits gegenwärtig ungleich auf der Erde verteilt sind. Das Modell wurde von der internationalen Klimapolitik aufgegriffen und diente beispielsweise als Vorlage für das Zwei-Grad-Ziel, das in den Klimaverhandlungen diskutiert wird. Während die planetaren Belastungsgrenzen sich vor allem auf die ökologischen Folgen menschlichen Handelns beziehen und diese einzugrenzen versuchen, versucht das Konzept der Donut-Ökonomie diesen Ansatz mit sozialen Kriterien zu verbinden. Die Ökonomin Kate Raworth beschreibt im Jahr 2012 in einem Diskussionspapier der NGO Oxfam erstmals ihre Idee, die ökologischen Grenzen mit sozialen Grenzen zu koppeln. Die ökologischen Grenzen definieren dabei eine „ökologische Decke" von Maximalwirkungen, die nicht überschritten werden dürfen, während die sozialen Grenzen eher als Mindeststandards oder „soziales Fundament" formuliert werden, die nicht unterschritten werden sollen. Zwischen Fundament und Decke entsteht ein „safe operating space", innerhalb dessen die Menschheit sich entwickeln, wirtschaften und konsumieren kann.

ABB. 2:
DER „OXFAM-DONUT" MIT PLANETAREN GRENZEN UND SOZIALEM FUNDAMENT

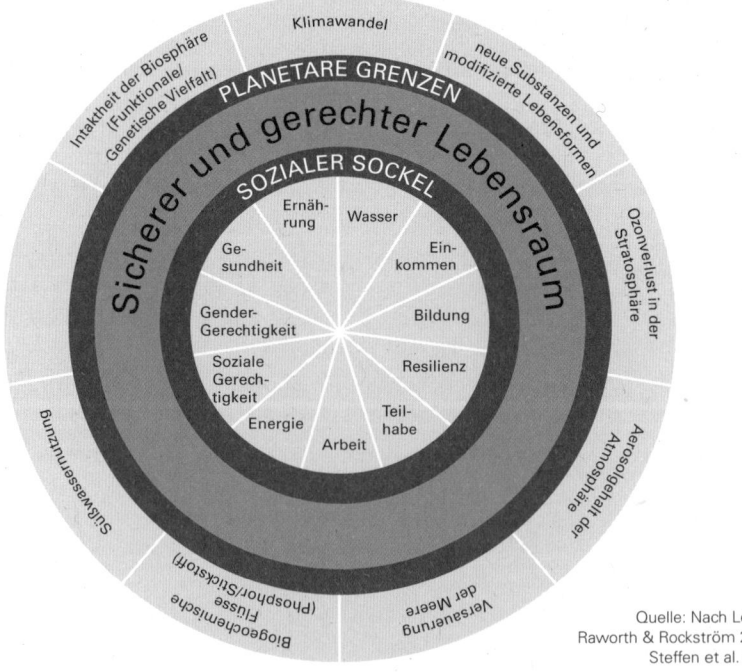

Quelle: Nach Leach, Raworth & Rockström 2013, Steffen et al. 2015

Bei der ökologischen Decke werden die planetaren Belastungsgrenzen von Rockström et al. (2009) wiederholt, das soziale Fundament definiert Raworth in Anlehnung an politische Übereinkünfte wie die Sustainable Development Goals, die die Vereinten Nationen (UN) in 2015 als weltweit erstrebenswerte nachhaltige Entwicklungsziele bis zum Jahr 2030 beschlossen haben, oder die Prioritäten nachhaltiger Entwicklung des Rio+20-Gipfels in Rio de Janeiro in 2012. Die zwölf Dimensionen des Fundaments werden dann unterschritten, wenn die weltweite Verteilung bzw. der Zugang zu den jeweils benannten Ressourcen, Strukturen oder Prozessen ungerecht oder ungleich ist. Die folgende Tabelle stellt den Vorschlag von Raworth für die Messung der Dimensionen vor sowie die aus unterschiedlichen Quellen entnommenen Werte.

TAB. 3:
DIMENSIONEN DES SOZIALEN FUNDAMENTS DER DONUT-ÖKONOMIE

Dimension	Indikator(en)	%	Jahr und Quelle
Nahrungssicherheit	Anteil unterernährter Menschen an der Bevölkerung	11	2014 – 2016, FAO
Gesundheit	Bevölkerung in Ländern mit einer Kindersterblichkeit (unter 5) von über 25 pro 1.000 Lebendgeburten	46	2016, Weltbank
	Bevölkerung in Ländern mit einer Lebenserwartung von weniger als 70 Jahren	39	2013, Weltbank
Bildung	Anteil von Analphabet*innen unter Erwachsenen über 15	15	2013, UNESCO
	Anteil nicht in einer Schule angemeldeter Kinder zwischen 12 und 15	17	2013, UNESCO
Einkommen und Arbeitsplätze	Anteil der Bevölkerung mit Lebensunterhalt unter 3,1 Dollar pro Tag	29	2012, Weltbank
	Anteil an jungen Menschen zwischen 15 und 24, der keine Arbeit findet	13	2014, ILO
Wasser und Sanitäranlagen	Anteil der Bevölkerung ohne Zugang zu sauberem Trinkwasser	9	2015, WHO / UNICEF
	Anteil der Bevölkerung ohne Zugang zu Sanitäranlagen	32	2015, WHO / UNICEF
Energie	Anteil der Bevölkerung ohne Zugang zu Elektrizität	17	2013, OECD / IEA
	Anteil der Bevölkerung ohne Zugang zu sauberen Kochgelegenheiten	38	2013, OECD / IEA

Netzwerke	Anteil Bevölkerung, der sich ohne soziale Unterstützung in der Not wähnt	24	2015, Gallup
	Anteil Bevölkerung ohne Zugang zum Internet	57	2015, ITU
Wohnen	Anteil der weltweiten Stadtbevölkerung, der in sogenannten Slums in Entwicklungsländern lebt	24	2012, UN
Gleichstellung	Abstand zwischen Männer- und Frauenanteil in nationalen Parlamenten	56	2014, Weltbank
	Einkommenslücke zwischen Männern und Frauen (außerhalb Landwirtschaft)	23	2009, ILO
Soziale Gerechtigkeit	Anteil der Bevölkerung unter dem mittleren Einkommensniveau in Ländern mit einem Gini-Koeffizient von über 0,35	39	1995 – 2012, Weltbank
Politische Teilhabe/ Mitspracherecht	Bevölkerung in Ländern mit einem Wert von 0,5 oder weniger von 1,0 im „Voice and Accountability" (Stimme und Rechenschaft) Index	52	2013, Weltbank
Frieden und Gerechtigkeit	Bevölkerung in Ländern mit einem Wert von 50 oder weniger von 100 auf dem „Corruption Perceptions" (Korruptionswahrnehmung) Index	85	2014, Transparancy International
	Bevölkerung in Ländern mit einer Mordrate von 10 oder mehr pro 10.000 Einwohner*innen	13	UNODC

Quelle: Raworth 2017

Wie die Tabelle zeigt, sind die Indikatoren recht unterschiedlich angelegt: Bei einigen wird der Anteil der Menschen an der Weltbevölkerung gemessen, die einen bestimmten Zugang haben oder nicht, bei anderen zählen alle Menschen eines Landes zusammen, in dem ein bestimmter Missstand herrscht. Das heißt im zweiten Fall werden auch Menschen mitgezählt, die zwar in einem Land mit hoher Mordrate oder Korruption leben, aber davon möglicherweise gar nicht betroffen sind (oder gar profitieren). Die Werte sind also nicht direkt vergleichbar. Des Weiteren ist die Datenlage für viele Länder der Erde sehr schlecht und es werden Werte aus anderen Ländern hochgerechnet. Ein häufiger Kritikpunkt ist daher, dass hier viele verschiedene Indikatoren aus ganz unterschiedlichen Quellen vermischt werden, die einzeln genommen schon eine gewisse Fehlerwahrscheinlichkeit haben, die sich dann in der Gesamtschau immer weiter aufsummiert. Eine weitere Kritik lautet, dass die Donut-Ökonomie als Konzept zu sehr von einer westlichen, anthropozentrischen Vorstellung von Entwicklung dominiert wird, in der der Mensch über die Natur herrscht und es einer multikulturellen Verständigung über den Begriff Nachhaltigkeit bedarf (Gudynas 2012).

Dennoch bietet das Modell eine Möglichkeit zu visualisieren, in welchen Bereichen die Menschheit das soziale Fundament unterhöhlt oder über die ökologische Decke hinausschießt. Auch wenn es bei einigen Dimensionen noch unklar ist welche Indikatoren brauchbar oder überhaupt messbar sind, können Darstellungen wie die folgende eine Orientierung geben, wo die Menschheit gerade steht.

ABB. 3:
UNTER- UND ÜBERSCHRITTENE GRENZEN DES DONUT (BEREICHE DER ÜBERSCHREITUNG SIND ROT, NOCH NICHT MESSBARE BEREICHE SIND GRAU HINTERLEGT)

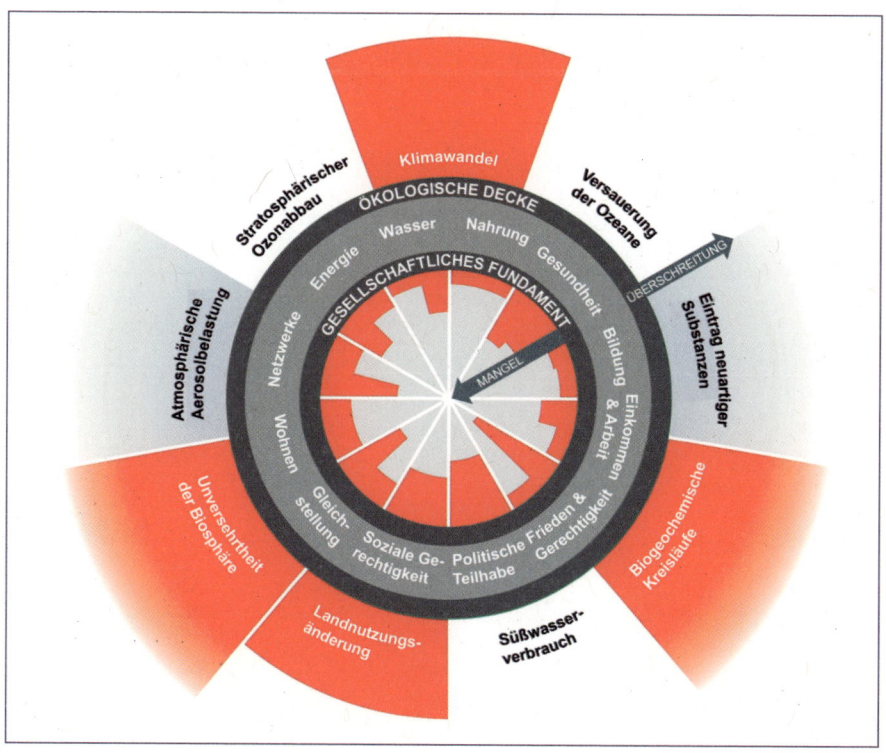

Quelle: Raworth 2018

Ein wichtiger Unterschied zu den planetaren Leitplanken ist auch, dass Raworth ihr Modell nicht nur als Folie für die Beobachtung von Wirkungen formuliert, sondern auch als Kompass vorschlägt, der ökonomisches Handeln leiten soll und aus dem Bereich sozial-ökologischer Schadschöpfung herausführen und in eine nachhaltige Ökonomie hereinführen kann.

In den nachfolgenden Jahren entwickelt sie das zunächst vor allem visuell angelegte Modell zum Konzept der „Donut-Ökonomie" weiter, ein ökonomisches Leitbild, das nach der markanten Form der populären Abbildung (Abb. 2 und 3) benannt ist. In dem im Mai 2018 auf Deutsch erschienenen Buch „Donut-Ökonomie: Endlich ein Wirtschaftsmodell, das den Planeten nicht zerstört" (Raworth 2018) definiert sie insgesamt sieben Ansätze für die Ökonom*innen des 21. Jahrhunderts und sieht vor allem die Wirtschaftswissenschaft in der Verantwortung. Diese müssen überkommene Grund- und Denkansätze loslassen und neue Handlungsprinzipien aufnehmen. Eine zentrale Rolle für die zukünftigen wirtschaftlichen Praktiken spielen nach Raworth ökologische regenerative Energien und Verteilungsgerechtigkeit. Kate Raworth stellt sieben Denkansätze vor, die das Denken einer*s „Ökonom*in des 21. Jahrhunderts" prägen sollen:

TAB. 4:
DIE ZENTRALEN DENKANSÄTZE DER DONUT-ÖKONOMIE

Denkansatz	vom 20. Jahrhundert	zum 21. Jahrhundert	Das bedeutet:
1. Das Ziel ändern	Vom Bruttoinlandsprodukt...	...zur Donut-Ökonomie	Ökonomisches Denken und Handeln schafft soziales Fundament, respektiert ökologische Grenzen und navigiert im sicheren Bereich des Donut.
2. Das Gesamtbild erfassen	Von der Idee des eigenständigen Markts...	...zur eingebetteten Ökonomie	Das neoliberale Narrativ von der Selbstregulation des Marktes wird überwunden und Ökonomie als das gute Haushalten mit begrenzten Ressourcen für die Gesellschaft verstanden.
3. Die menschliche Natur pflegen und fördern	Vom rationalen Homo oeconomicus...	...zum sozial anpassungsfähigen Menschen	Ein ganzheitliches Bild vom Menschen als soziales, von Kultur und Natur abhängiges, Nähe suchendes, Werte aushandelndes Wesen entwerfen und anwenden.
4. Den Umgang mit Systemen lernen	Von der Idee des mechanischen Gleichgewichts...	...zur dynamischen Komplexität	Lineares und mechanisches Denken wird ersetzt von systemischer Sichtweise und der Wahrnehmung und Berücksichtigung von komplexen Systemdynamiken.
5. Auf Verteilungsgerechtigkeit zielen	Vom Glauben an Wachstum, der für Ausgleich sorgt...	...zur vorsorgenden Verteilungsgerechtigkeit	Eine gleiche Verteilung oder Umverteilung von wahren Werten, wie Kontrolle über Land, Unternehmen, Technologie und Wissen, wird angestrebt.

| 6. Eine regenerative Ausrichtung fördern | Vom Glauben, dass Wachstum Umweltverschmutzung beseitigt ... | ... zum regenerativen Design | Praktiken des Produzierens und Konsumierens sind nicht länger degenerativ, d.h. Ressourcen übernutzend und aufbrauchend, sondern regenerativ beachten natürliche und menschliche Produktions- und Reproduktionszyklen und nutzen erneuerbare Energie. |
| 7. Eine agnostische Haltung zum Wachstum einnehmen | Von der Abhängigkeit von Wachstum ... | ...zur Wachstums-Agnostik | Die Sucht nach wachsendem Bruttoinlandsprodukt aufgeben und Wachstum nur dort anstreben, wo es nachhaltig und sinnvoll ist, beispielsweise bei der Lebensqualität. |

Quelle: Raworth 2018

In diesen sieben alternativen Denkansätzen steckt auch eine Überwindung der weiter vorne aufgeführten – für Menschheit und Umwelt fatalen – Grundannahmen: Die Natur wird als System angesehen, in das Menschen eingebettet sind und aus dem die Menschen ihre natürlichen Lebensgrundlagen erhalten. Der Regenerationsbedarf sowohl von Natur als auch von Menschen wird anerkannt und in wirtschaftliches Handeln einbezogen, und alle Menschen werden als gleichwertig und daher auch gleichberechtigt erachtet, an natürlichen Ressourcen und gesellschaftlichen Errungenschaften teilzuhaben.

Die meisten der von Raworth beschriebenen Denkansätze finden sich in Modellen und Konzepten der Circular Economy wieder, die den Schwerpunkt dieses Bandes darstellen und ausführlich vorgestellt werden. Im Folgenden wird dabei bewusst der englische Begriff „Circular Economy" genutzt, da mit dem deutschen Begriff der „Kreislaufwirtschaft" vor allem neue Methoden und Technologien des Recyclings verbunden werden. Die zirkuläre Ökonomie oder „Circular Economy" geht aber über diesen Fokus hinaus und versucht, die Wertschöpfung insgesamt zu verändern.

Circular Economy als Lösung?

3

Das lineare industrielle Wirtschaftsparadigma der vergangenen ca. 200 Jahre ist eine wesentliche Säule für die Steigerung des materiellen Wohlstands, für die Bildung und Aufrechterhaltung sozialer Absicherungssysteme sowie für die Herausbildung demokratischer Gesellschaftsordnungen in den Nationen des globalen Nordens. Darüber hinaus verzeichnen in den letzten Jahren viele Schwellenländer (u.a. China, Indien, Marokko, Brasilien) ein kontinuierlich überdurchschnittliches Wirtschaftswachstum, sodass im Jahr 2030 von einer fünf Milliarden Menschen umfassenden globalen Mittelschicht ausgegangen wird. Vermutlich führt die daraus resultierende Tendenz eines weltweit steigenden Konsumniveaus zur Verschärfung der globalen Herausforderungen des 21. Jahrhunderts, die sich u.a. in Form des Klimawandels, des Biodiversitätsverlusts oder der Verknappung wichtiger natürlicher Rohstoffe offenbaren (ISDRI/ SDSN 2015). Eine Dekarbonisierung und Dematerialisierung der Konsum- und Produktionsformen gilt daher als unausweichlich, soll die Existenzgrundlage der gegenwärtigen und zukünftigen Generationen erhalten bleiben (O'Neill 2018; Schubert et al. 2011). Diese Herausforderungen zum Anlass nehmend beschäftigen sich zukunftsorientierte Politiker*innen, Wissenschaftler*innen, Ökonom*innen sowie Bürger*innen mit alternativen Wirtschaftspraktiken. Ein viel diskutiertes Konzept zur Gestaltung einer auf Nachhaltigkeit ausgerichteten Ökonomie ist die Circular Economy (CE): Sie beabsichtigt die zyklische und kaskadische Nutzung von Produkten und Materialien. Um dies zu realisieren sollen gemeinschaftlich organisierte Produktions- und Konsumformen entstehen, die sich durch die voranschreitende Digitalisierung rasant ausbreiten und effektiver umsetzen lassen. Das folgende Kapitel geht den Grundlagen der Circular Economy nach, definiert ihre Leitprinzipien, umschreibt ihre Erscheinungsformen auf der politischen Agenda sowie in der wirtschaftlichen Praxis und wirft einen kritischen Blick auf ihre Zielvorstellungen und Grundannahmen.

**3.1
Das Konzept
und seine
Wurzeln**

Der Kerngedanke der Circular Economy folgt dem Prinzip der inbegriffenen Zirkularität von Ökosystemen, oder anders formuliert: die wirtschaftlichen Prozesse orientieren sich an den Stoffkreisläufen der Natur (Boulding 1966; Pearce & Turner 1989). Produkte sind so aufgebaut und designt, dass sie jederzeit mit geringem finanziellen und energetischen Aufwand wiederverwendet, repariert, wiederaufbereitet und ihre Komponenten als Grundlage neuer Produkte genutzt werden können. Die Produkt- und Materialflüsse bewegen sich demnach fortwährend im Kreis mit dem Resultat, dass Abfälle nicht mehr als erdrückende Belastung für Natur und Mensch, sondern als Inputfaktoren bzw. „Nährstoffe" für andere Anwendungen und Herstellungsprozesse aufgefasst werden. Der Abbau der in der Erdkruste verfügbaren Rohstoffe ist nur noch die Ausnahme. Das Leitmotiv wirtschaftlichen Denkens und Handelns besteht darin, die Nutzungsdauer von vorhandenen und bereits im Umlauf befindlichen Materialien und Produkten zu maximieren. Die Wertschöpfungsprozesse entkoppeln sich dementsprechend vom Verbrauch endlicher Naturressourcen und verorten sich in die Nähe der Produktnutzungsorte, um den Produktrückfluss transport- und somit energieeffizient zu organisieren (Ghisellini et al. 2016; Rizos et al. 2017; Su et al. 2013). Angetrieben werden die Produkt- und Materialkreisläufe durch erneuerbare Energie – vor allem aus Sonne, Wind, Wasser und Geothermie (Ellen MacArthur Foundation 2015). Die Energiegewinnung aus der Verbrennung fossiler Brennstoffe sowie der Kernspaltung verursacht vielschichtige ökologische, soziale und ökonomische Schäden. Abgesehen von Produktion, Transport und Wiederaufbereitung der Anlagen entstehen bei der Nutzung regenerativer Energiequellen geringere negative Effekte auf Natur und Gesellschaft im Vergleich zur Nutzung fossiler Energieträger. Sie sind unerschöpflich, bieten dauerhafte Preisstabilität angesichts der Reduktion von Abhängigkeiten und ermöglichen durch ihre dezentrale Erzeugung regionale Wertschöpfung.

Zusammenfassend lässt sich festhalten, dass die Circular Economy die bestehenden linearen und endlichen Wertschöpfungs*ketten* durch geschlossene Wertschöpfungs*kreisläufe* ersetzt, um den Bestand natürlicher Ressourcen aufrechtzuerhalten und den Ausstoß natur- und gesundheitsschädigender Stoffe zu minimieren.

Die Idee der Circular Economy erwächst aus unterschiedlichen konzeptionellen Wurzeln, eine exakte Verortung ihres Ursprungs ist demgemäß nicht möglich. Sie ist eher eine Verflechtung aus unterschiedlichen Denkschulen, die ihren Anfang in den 1970er Jahren gefunden haben. Zu ihnen zählen u.a. Blue Economy (Pauli 2010), Bio-mimikry (Benyus 2002), Cradle-to-Cradle (McDonough & Braungart 2002), Industrial Ecology (Graedel & Allenby 1995), Natural Capitalism (Lovins et al. 1999) oder Performance Economy (Stahel 2010). Allen Ansätzen liegt die Zielsetzung zugrunde, Produktions- und Konsum-formen von vornherein regenerativ und kohlenstoffarm auszurichten. Die Abbildung 5 verdeutlicht die Ähnlichkeiten der aufgeführten Denk-schulen und charakterisiert die unterschiedlichen Einflüsse, aus de-nen sich das aktuelle Verständnis der Circular Economy formt. Hier ist das von der Ellen MacArthur Foundation (2014) entwickelte Konzept der Circular Economy hervorzuheben, das versucht, die verschiede-nen Ansätze zu einem Metamodell zusammenzuführen. Es fußt auf der Annahme, dass eine regenerative und kohlenstoffarme Ökonomie aus *biologischen* und *technischen „Nährstoffkreisläufen"* besteht, die im Folgenden kurz erläutert werden sollen (Abb. 4).

BIOLOGISCHE STOFFKREISLÄUFE

Die biologischen Stoffkreisläufe beziehen sich auf die Kreisläufe der Natur, die innerhalb der Biosphäre von Lebewesen aller Art initiiert werden. Hier zirkulieren Produkte aus biologisch abbaubaren Mate-rialien, die nach ihrer Verwendung als Nahrungsgrundlage für andere Organismen dienen. So entsteht ein Geflecht aus Produzenten (Pflan-zen), Konsumenten (Tiere, wozu der Mensch ebenfalls gehört) und Destruenten (Bodenorganismen, wie z.B. Bakterien oder Pilze), das einen kontinuierlich geschlossenen Fluss aus Erzeugung, Konsum und Zersetzung aufrechterhält.

Im biologischen Stoffkreislauf kommt der effektiven Kaskadennut-zung von Materie eine wichtige Bedeutung zu. Kaskadennutzung be-schreibt die zyklische Nutzung von Produkten, Produktkomponenten und Materialien über mehrere Anwendungskategorien hinweg. Hier-zu ein Beispiel: Ein T-Shirt aus reiner Baumwolle (die Baumwolle wur-de ohne Einsatz chemischer Düngemittel angebaut) kann zunächst von mehreren Träger*innen durch Wiederveräußerung, Flicken und Schenkung, so oft wie es den ästhetischen Vorstellungen innerhalb eines Kulturkreises entspricht, als Kleidungsstück verwendet wer-den. Nach der „Abtragung" kann das T-Shirt zunächst als Füllmate-rial von Polstern in der Möbelindustrie dienen, um es im Anschluss als Dämmmaterial in unterschiedlichen Anwendungsbereichen, wie z.B. im Wohnungsbau, zu nutzen. Am Ende des Nutzungszyklus als Dämmmaterial werden die noch verbliebenen Baumwollfasern kom-postiert, um von den Destruenten bzw. den Bodenorganismen zer-setzt zu werden.

TECHNISCHE STOFFKREISLÄUFE

Die technischen Stoffkreisläufe hingegen vollziehen sich in der vom Menschen errichteten Technosphäre. Technische Produkte durchlaufen nicht aufeinanderfolgende Lebensabschnitte, so wie es momentan im linearen industriellen System erfolgt. Stattdessen bewegen sie sich in unterschiedlichen Kreislaufphasen, die durch Reparatur, Wiedervermarktung und Wiederaufbereitung charakterisiert sind. Dabei wird angestrebt, die Produktgestalt nicht zu zerstören, wodurch die im Rahmen der Produktion eingebrachte Wertschöpfung möglichst erhalten bleibt. Es existieren mehrere Vorgehensweisen, wie nicht mehr funktionsfähige oder benötigte Produkte im technischen Kreislauf gebunden werden können: Instandsetzung von Produkten in einen funktionsfähigen Zustand (Reparatur), die Qualitäts-, Performance- und somit Wertsteigerung durch Nach- und Aufrüstung (Upgrade), die Wiederveräußerung bzw. der Weiterverkauf oder Schenkung am Ende einer jeden Nutzungsphase, die qualitätsgesicherte Wiederaufbereitung in den Zustand von gebrauchten Produkten zum Zweck der Wiedervermarktung (Refurbishment) sowie die qualitätsgesicherte Wiederaufbereitung in den Zustand von neuen Produkten zum Zweck der Wiedervermarktung (Remanufacturing). Recycling zählt ebenfalls zu den Kreislaufphasen, allerdings sollte Recycling als letzte Option gewählt werden, da die manuelle oder mechanische Zerlegung der Produkte in einzelne Fraktionen und deren Wiederverwertung als Sekundärrohstoffe mit hohem Werteverlust verbunden ist. Die im Produktionsprozess eingesetzten Kapitalformen zur Herstellung des technischen Produkts, wie z.B. Material, Energie, Arbeitskraft gehen im Recyclingprozess durch die Auflösung der Produktgestalt zwangsläufig verloren. Damit Produkte und ihre Komponenten die Voraussetzungen einer langen Gebundenheit in den technischen Kreisläufen erfüllen, muss ihr Design auf langfristige Haltbarkeit, hohe Qualität in der Materialauswahl und hervorragende Verarbeitung und Zeitlosigkeit ausgelegt sein.

Besonders hervorzuheben ist, dass eine Vermischung der in den biologischen und technischen Kreisläufen zirkulierenden Stoffe unbedingt vermieden werden muss. Synthetische und andere Substanzen, die u.a. Mutagene, Karzinogene oder Toxine enthalten, können sich in Ökosystemen und somit in ihren Organismen anreichern und diese langfristig schädigen, sobald sie in die biologischen Stoffkreisläufe gelangen. Umgekehrt sollen Materialien biologischer Produkte nicht in die Technosphäre diffundieren bzw. übertreten, da sie die Möglichkeiten der Wiederaufbereitung und Wiederverwertung von technischen Stoffen stark einschränken (Braungart & McDonough 2014).

ABB. 4:
DIE ZWEI STOFFKREISLÄUFE DER CIRCULAR ECONOMY

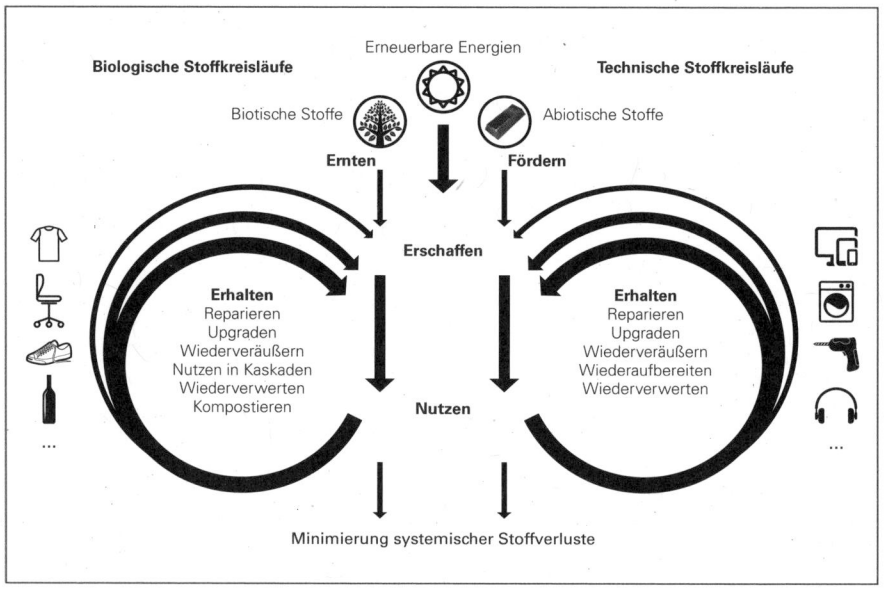

Quelle: Eigene Darstellung in Anlehnung an Boulding (1966), McDonough & Braungart (2002), Ellen MacArthur Foundation (2014), Pearce & Turner (1989), Stahel & Reday-Mulvey (1981)

ABB. 5:
DIE DENKSCHULEN DER CIRCULAR ECONOMY

Blue Economy. Die Blue Economy orientiert sich hauptsächlich an den Kaskadeneffekten ökologischer Prozesse, in denen Abfälle eines Stoffwechselprozesses als Nahrung anderer Organismen fungieren. Dabei bezieht sich die Bezeichnung „Blue" auf die Erscheinungsfarbe des Ozeans und des Himmels. Hiermit soll dem Imperativ „Green Growth" (grünes Wirtschaftswachstum) ein Konzept entgegengestellt werden, das eine agnostische oder gleichgültige Haltung gegenüber Wirtschaftswachstum einnimmt. So sollen Unternehmen als Treiber ökonomischer Erneuerung auftreten und auf ökologischen Prinzipien ausgelegte Herstellungsverfahren und Produkte entwickeln. Eine wichtige Voraussetzung dafür ist die Nutzung lokal vorhandener natürlicher Ressourcen und die Regionalisierung von Wertschöpfungsaktivitäten (Pauli 2010).

Biomimikry. Biomimikry imitiert die über Millionen von Jahren herausgebildeten Muster und Prozesse der Natur zur technischen Lösungsfindung für menschliche Herausforderungen. Dem Konzept liegt die Auffassung zugrunde, dass die Natur durch den Lauf der Evolution Strukturen und

Handlungsmuster entwickelt hat, von denen die Menschen lernen können. Beispiele hierfür sind u.a. Lüftungssysteme eines Termitenbaus, die
als Inspiration zur Konstruktion von Lüftungssystemen moderner Gebäude
dienen oder Kletten, die als Vorbilder zur Entwicklung des Klettverschluss-
designs fungierten. Der Schutz der Ökosysteme und ihrer Diversität ist
integraler Bestandteil des Konzepts (Benyus 2002).

Cradle-to-Cradle. Nach der Vision Cradle-to-Cradle bestimmen geschlossene ökologische sowie technische Kreisläufe die wirtschaftlichen Strukturen. Innerhalb des biologischen Metabolismus zirkulieren dauerhaft
Produkte und Materialien, die keine natur- und gesundheitsschädigenden
Stoffe enthalten. Der technische Metabolismus (die vom Menschen ge-
schaffene Technosphäre) besteht hingegen aus geschlossenen Kreisläufen, in denen komplexe technische Produkte und ihre Komponenten, wie
z.B. Smartphones oder Waschmaschinen, zirkulieren, die so aufgebaut
und gestaltet sind, dass sie jederzeit wiederverwendet werden können.
Das übergeordnete Ziel ist ein abfall- und emissionsfreies ökonomisches
System (McDonough & Braungart 2002).

Industrial Ecology. Industrial Ecology beinhaltet die umfassende Analyse
von Stoff- und Energieströmen in industriellen Systemen. Die Motivation besteht darin, ressourceneffiziente Industrieanlagen, umweltgerech-
te Produktionsmethoden sowie Produktformen zu entwickeln. Industrial
Ecology orientiert sich an den Energie- und Stoffkreisläufen von Ökosystemen, um nicht verwertbare Abfälle in industriellen Prozessen zu eliminie-
ren (Graedel & Allenby 1995).

Natural Capitalism. Der Ansatz baut auf der Kritik des gegenwärtigen
industriellen Kapitalismus auf. Die konventionellen Perspektiven auf ökonomische Systeme lassen das natürliche Fundament, auf dem die Wirtschaft aufbaut, konzeptionell unberücksichtigt. Die Zerstörung von Natur
durch wirtschaftliche Aktivitäten (Herstellung von Industrieanlagen, kurzle-
bigen Produkten etc.) wird als „Wertschöpfung" und somit als Steigerung
des menschlichen Wohlstands, ausgedrückt in Form des Bruttoinlands-
produktes (BIP), deklariert. Natural Capitalism berücksichtigt die vielfältigen wechselseitigen Berührungspunkte und Abhängigkeiten zwischen
Ökonomie und Ökologie. Die vier Prämissen des Übergangs zum Natural
Capitalism sind ökologisch-orientierte Produktionsmethoden, die Wieder-
verwendung natürlicher Rohstoffe, die Fokussierung auf Konsumqualität
statt auf -quantität sowie Renaturierung (Lovins et al. 1999).

Performance Economy. Die Idee der Performance Economy beschreibt
eine funktionale Dienstleistungsgesellschaft, in der das Bereitstellen von
Dienstleistungen im Vordergrund steht und damit der Verkauf von Produkten an Bedeutung verliert. Das formulierte Ziel ist die Etablierung einer
ressourcenschonenden und zirkulär ausgerichteten Konsumkultur. Die
derzeitigen auf kapitalintensiven, umweltschädigenden und menschlicher
Arbeit ersetzenden Großtechnologien und -industrien sollen durch regionale Wertschöpfungsstrukturen und menschenunterstützende, dezentral
organisierte Technologien ersetzt werden (Stahel 2010).

Quelle: Eigene Darstellung in Anlehnung Ellen MacArthur Foundation (2014)

3.2 Umsetzungsansätze der Circular Economy

Das nachfolgende Unterkapitel geht der Frage nach, mit welchen konkreten Handlungsansätzen die Prinzipien der Circular Economy in die Praxis umgesetzt werden sollen. Sie stellen erste praktische Orientierungskorridore und Ideenanstöße für unterschiedliche Akteursgruppen aus Politik, Wirtschaft und Zivilgesellschaft dar, die den entsprechenden Rahmenbedingungen angepasst werden müssen. Zirkuläres Geschäftsmodell- und Produktdesign, eine engere Zusammenarbeit innerhalb von Unternehmensnetzwerken als auch zwischen Unternehmen und Konsument*innen, die Nutzung und Integration digitaler Technologien, Bildung sowie eine Umsteuerung politischer Rahmenbedingungen sollen einen graduellen Übergang zu einer kreislauforientierten Wirtschaft ermöglichen.

ZIRKULÄRES GESCHÄFTSMODELLDESIGN

Als einer der populärsten Treiber zur Umsetzung von Circular Economy Prinzipien gelten innovative auf Kreislaufschließung und Ressourceneffizienz aufbauende Geschäftsmodelle. Unternehmen mit zirkulär ausgerichteten Geschäftsmodellen sollen die Wirtschaftsstruktur von innen heraus erneuern, sodass sie die etablierten konventionellen und linearen Produktionsprozesse, Produkte, Märkte und Konsumstile durch die der Circular Economy entsprechenden Produktions- und Konsumformen ersetzen. Geschäftsmodelle sind vereinfachte Beschreibungen, wie Unternehmen durch die Nutzung sowie Umwandlung knapper Ressourcen (Zeit, Material, Arbeitskraft, Energie étc.) und den Leistungsaustausch mit anderen Geschäftspartner*innen für ihre Kund*innen Nutzen schaffen (Johnson et al. 2008; Massa et al. 2017; Osterwalder & Pigneur 2010). Geschäftsmodelle dienen zur Abstraktion der Unternehmensidentität, das heißt sie offenbaren, welche speziellen Charakteristiken Unternehmen einzigartig machen, warum sie auf dem Markt erfolgreich agieren und worin Unternehmen sich von ihren Konkurrent*innen unterscheiden (Wirtz et al. 2016; Zott & Amit 2010). Geschäftsmodelle in der Circular Economy sind so strukturiert, dass sie erstens zur Schließung, zweitens zu einer höheren Nutzungsintensität und drittens zur zeitlichen Ausdehnung bzw. Entschleunigung von biologischen und technischen Stoffflüssen beitragen (vgl. Abbildung 6; Lüdeke-Freund et al. 2018; Manninen et al. 2018; Linder & Williander 2015). Die Schließung von Stoffkreisläufen umfasst das Sammeln und Verarbeiten von bereits vorhandenen, aber nicht mehr verwendeten Materialien, um diese in Ausgangsstoffe für die Herstellung neuer Produkte oder Produktkomponenten umzuwandeln (z.B. Recycling) oder den Einsatz von nachwachsenden Rohstoffen. Die Erhöhung der Intensität bezieht sich auf gesteigerte Nutzungsraten von Produkten und ihren Komponenten, wohingegen der Ansatz „Entschleunigung von Stoffkreisläufen" die Verlängerung von Produktnutzungsdauern proaktiv anstrebt. Das Design von langlebigen Produkten und die Bereitstellung von Dienstleistungen zur zeitlichen Ausdehnung und Intensivierung der Produktnutzung (z.B. durch Reparaturservices) können zur Verlangsamung der systemischen Durchlaufgeschwindigkeit der Materialflüsse von der Herstellung eines Produktes bis zu dessen Recycling führen.

ABB. 6:
GESCHÄFTSMODELLSTRATEGIEN IN DER CIRCULAR ECONOMY

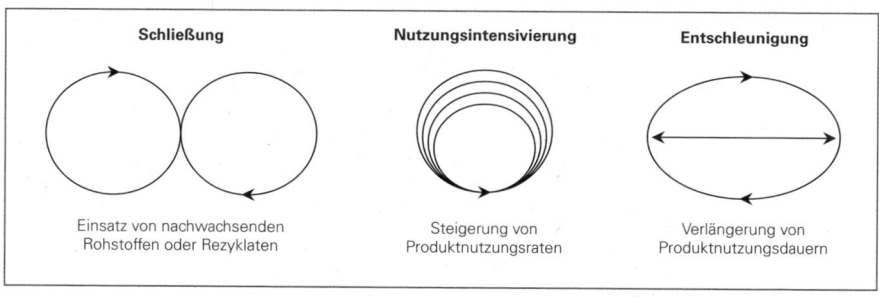

Schließung	Nutzungsintensivierung	Entschleunigung
Einsatz von nachwachsenden Rohstoffen oder Rezyklaten	Steigerung von Produktnutzungsraten	Verlängerung von Produktnutzungsdauern

Quelle: Eigene Darstellung in Anlehnung an Ellen MacArthur Foundation (2014), Lacy et al. (2014)

Um die Eigenschaften kreislauforientierter Geschäftsmodelle anschaulicher und verständlicher zu porträtieren, erfolgt nun eine Typologisierung (Bocken et al. 2016; Florin et al. 2015; Hofmann 2017; Lacy & Rutqvist 2015; Planing 2015), die den Status Quo der unterschiedlichen potentiellen Ausprägungen und Formen von Geschäftsmodellen in einer Circular Economy abbildet. Die Übergänge zwischen den hier vorgestellten Typen sind fließend, da sie teilweise stark miteinander verwoben sind und zirkuläre Wirtschaftsstrukturen nur durch ihr gemeinsames Wirken entstehen können. In Abbildung 7 sind die unterschiedlichen Geschäftsmodelltypen aggregiert und unter Berücksichtigung der zirkulären Strategieansätze „Schließung", „Nutzungsintensivierung" und „Entschleunigung" von Stoffflüssen dargestellt. Des Weiteren sind ihnen zur Veranschaulichung Beispiele aus der Praxis angefügt.

Versorgungsmodelle. Die Motivation von Versorgungsmodellen besteht aus der Schöpfung, Umwandlung und Bereitstellung erneuerbarer, biologisch abbaubarer oder recycelter Rohstoffe, die als Ausgangsmaterialien oder Energielieferanten für die Produkt- oder Komponentenherstellung dienen. Die Intention ihrer Geschäftstätigkeit beruht auf der Reduktion und Substitution von fossilen, kritischen und knappen Rohstoffen. Ihr Angebot umfasst u.a. die Bereitstellung von Energie aus erneuerbaren Energieträgern oder die Wiederverwertung von Kunststoffen sowie Metallen.

Bereitstellungsmodelle. Sie sind dadurch gekennzeichnet, dass ihr Angebot zeitlich begrenzt und gemeinschaftlich von unterschiedlichen Nutzer*innen in Anspruch genommen wird. Die Nutzer*innen erhalten temporären bzw. zeitlich begrenzten Zugang zu den angebotenen Produkten durch Leasing, Vermietung, Verleihung oder Pooling, um ihre Bedürfnisse zu befriedigen. Das heißt Eigentum und Besitz sind nicht Voraussetzung für die Nutzung eines Produkts. Bereitstellungsmodelle stärken den kollaborativen, gemeinschaftlichen Konsum von Produkten, steigern den Nutzungsgrad der bereitgestellten Produkte und ermöglichen somit eine effiziente Nutzung der dafür verwendeten natürlichen Ressourcen.

Performancemodelle. Das Leistungskonzept von Performancemodellen ist von materiellen Produkten losgelöst, indem es sich auf die Erbringung von ganzheitlichen Dienstleistungen stützt. Es basiert auf einer ergebnisabhängigen Vergütung, das heißt es wird nicht für den Erwerb oder die Inanspruchnahme eines Produktes bezahlt, sondern für den Wert der damit erzielten Endleistung bzw. Problemlösung. Im Leistungsspektrum sind u.a. Betriebs-, Wartungs- und Reparaturarbeiten enthalten, welche die Nutzungsdauer des für die Leistungserbringung eingesetzten Produkts erhöhen.

Aufbereitungsmodelle. Die Leistungserstellung von Aufbereitungsmodellen beinhaltet einerseits die qualitätsgesicherte Wiederaufbereitung von nicht funktionierenden oder benötigten Produkten in den Zustand von gebrauchten Produkten zum Zweck der Wiedervermarktung (Refurbishment) sowie die qualitätsgesicherte Wiederaufbereitung in den Zustand von neuen Produkten, ebenfalls zum Zweck der Wiederveräußerung (Remanufacture). Nach der Produktrückführung zum Herstellungsunternehmen und der Anwendung verschiedener Aufbereitungsmethoden kann das behandelte Produkt in eine erneute Nutzungsphase überführt werden. Zusätzlich können einzelne Produktkomponenten mittels konstruktiver Demontagetechniken gewonnen werden, die im Rahmen der Produktaufbereitung als Ersatzteile eingesetzt und damit Neukomponenten substituiert werden können.

Beständigkeitsmodelle. Beständigkeitsmodelle umfassen qualitativ hochwertige Wertangebote in Form von materiellen oder immateriellen Leistungen. Die Produktgestalt garantiert eine leichte Pflege, Wartung und Instandsetzung, eine nachträgliche Qualitäts-, Performance- und somit Wertsteigerung durch Nach- und Aufrüstung sowie eine bei den Nutzer*innen erzeugte emotionale Bindung. Darüber hinaus umfasst das Wertangebot der Produkthersteller*innen umfangreiche After-Sales-Services, wie z.B. Beratungs-, Ausbildungs- oder Ersatzteilleistungen.

Plattformmodelle. Das Wertangebot von Plattformmodellen besteht darin, zwei oder mehrere unterschiedliche, aber voneinander abhängige Nutzer*innen zusammenzubringen. Die Wertschöpfung der etablierten „Plattformen" erfolgt, indem sie die Interaktion zwischen Anbieter*innen und Nachfrager*innen ermöglicht. Bei den direkten Plattformmodellen können die Anbieter*innen auf einer bereitgestellten Plattform (meistens online) ihr funktionierendes oder auch nichtfunktionsfähiges, nicht mehr benötigtes Produkt direkt den Nachfrager*innen zum Verkauf oder zum Verschenken anbieten. Bei den indirekten Plattformmodellen geht das Eigentum des Produkts zunächst auf das Dienstleistungsunternehmen über, um es im Anschluss potentiellen Nutzer*innen online oder in Geschäftsräumen zur Verfügung zu stellen.

ABB. 7:
GESCHÄFTSMODELLTYPOLOGIE DER CIRCULAR ECONOMY

Designstrategien	Praxisbeispiele	Ansatz der Zirkularität
Versorgungsmodelle	Kunststoff- und Metallrecycling, Erzeugung erneuerbarer Energien	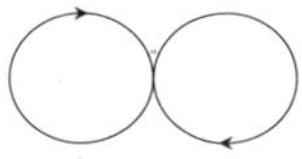
Bereitstellungsmodelle	Bikesharing, Waschsalons, Kleiderverleih	
Performancemodelle	Fahrradwerkstätten, Reparaturservices für Elektrogeräte (z.B. für Smartphones oder Waschmaschinen)	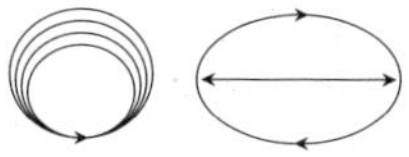
Aufbereitungsmodelle	Herstellung modularer Laptops oder modularer Smartphones	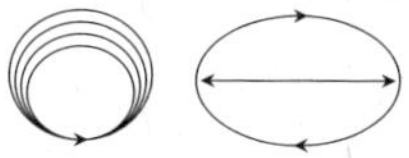
Beständigkeitsmodelle	Uhren, langlebige Outdoor-Kleidung, langlebige Möbelstücke, Fahrräder	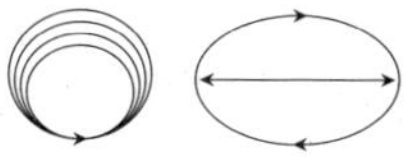
Plattformmodelle	Online-Marktplätze für den Verkauf/Kauf von Second-Hand-Gegenständen, Flohmärkte	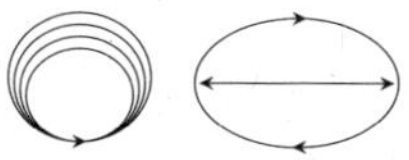

Quelle: Eigene Darstellung in Anlehnung an Bakker et al. (2014), Bocken et al. (2016), Florin et al. (2015), Hofmann (2017), Lacy & Rutqvist (2015), Planing (2015)

ZIRKULÄRES PRODUKTDESIGN

Ein ressourceneffektives und abfallvermeidendes Produktdesign wird, neben der Neugestaltung von Geschäftsmodellen, als einer der zentralen Ansatzpunkte zur Verwirklichung der Circular Economy diskutiert. Eine frühzeitige Einbettung zirkulärer Prinzipien in den Produktentwicklungsprozess ist von grundlegender Bedeutung, da nach der Definition von Produkteigenschaften in der Regel nur noch geringfügige Änderungen am Produktdesign möglich sind (Bakker et al. 2014; Bocken et al. 2016). Sobald ein Unternehmen finanzielle und zeitliche Investitionen in die Infrastruktur (Einkauf von Anlagen und Maschinen, Erwerb oder Mietung von Gebäuden und Fertigungshallen etc.) sowie in die Weiterbildung von Mitarbeiter*innen (z.B. durch Schulungen, Weiterbildungen, Anweisungen) zur Herstellung eines neuen Produktes mit vorher festgelegten Produktspezifikationen und determiniertem Basisdesign tätigt, ist ein späteres Umschwenken auf ein alternatives Produktdesign nur mit erheblichem Aufwand und Ressourceneinsatz möglich. Damit begeben sich Unternehmen auf Pfadabhängigkeiten, das heißt eine Entwicklung (ob negativ oder positiv kann erst zu einem späteren Zeitpunkt beurteilt werden) kann lediglich auf dem eingeschlagenen Weg verlaufen, eine Richtungsänderung kann folglich nur mühsam und mithilfe großer Anstrengungen eingeleitet werden (Bocken et al. 2018). Daher ist die durchgängige Berücksichtigung von zirkulären Designkriterien während der Entwicklung von Produkten maßgebend. Die Produktdesignstrategien in einer Circular Economy lassen sich ebenfalls anhand der Schließung, Nutzungsintensivierung sowie der zeitlichen Ausdehnung der biologischen und technischen Stoffströmen erklären, wie in Abbildung 8 veranschaulicht. An ein Zirkularität angelehntes Design kann dazu beitragen, dass Produkte langlebiger, einfacher zu reparieren und aufzuwerten sind. Die formgerechte und funktionale Gestaltung bestimmt, ob sie intuitiv und unkompliziert de- und remontiert werden können, ihre Komponenten reparierbar sowie Verschleißmaterialien austauschbar sowie zugänglich sind und ob sie in sortenreine Fraktionen zerlegt bzw. ihre Stoff- und Materialbestandteile in Trennverfahren separiert und wiederverwertet (Recycling) werden können. Die beschriebenen Kriterien in Abbildung 8 können als Inspiration für die Konzipierung und Entwicklung von kreislauffähigen Produkten herangezogen werden.

ABB. 8:
PRODUKTDESIGNSTRATEGIEN IN DER CIRCULAR ECONOMY

Designstrategien	Kurzbeschreibung	Ansatz der Zirkularität
Demontagefähigkeit	Gestaltung von Produkten, deren Komponenten leicht trenn- und zerlegbar sind.	
Zuverlässigkeit und Langlebigkeit	Design von widerstandsfähigen, langlebigen und somit qualitativ hochwertigen Produkten.	
Emotionale Bindung	Entwicklung von Produkten, die von ihren Nutzer*innen wertgeschätzt, „geliebt" und mit Ehrfurcht behandelt werden.	
Aufrüstbarkeit und Anpassungsfähigkeit	Die Fähigkeit eines Produktes, sich an veränderte Bedingungen anzupassen um weiterhin Nutzen zu stiften, z.B. durch Qualitätssteigerungen oder Performanceupdates.	
Standardisierung und Modularität	Die Abhängigkeit zwischen den einzelnen Produktkomponenten wird auf ein Minimum reduziert, um ihre Austauschbarkeit sicherzustellen und die Funktionsfähigkeit des Produktes nicht zu gefährden.	
Reparierbarkeit	Design von reparatur- und wartungsfreundlichen Produkten, die einen unbedenklichen und einfachen Austausch ihrer defekten Komponenten gewährleisten.	

Quelle: Eigene Darstellung in Anlehnung an Bakker et al. 2014; Bocken et al. 2016

KOLLABORATION

Die praktische Umsetzung der Circular Economy Prinzipien bedarf neuartige, intensivere Formen der Zusammenarbeit unter den in den Kreisläufen partizipierenden Akteuren, um die Kreislaufführung von Produkten, Produktkomponenten und Materialien zu ermöglichen (Lewandowski 2016; Nußholz 2017). Wie oben bereits ausführlich beschrieben, adressiert das Konzept der Circular Economy die zirkuläre Organisation von Produkt- und Materialflüssen, wohingegen die gegenwärtige industrielle Linearwirtschaft aus endlichen Wertschöpfungsketten besteht, in denen die Konsument*innen als „Endverbraucher*innen" deklariert sind, der Produkttod bereits vorbestimmt ist und damit einen verschwenderischen Umgang mit natürlichen Ressourcen impliziert. In einer Circular Economy vollbringt jede Akteurin/jeder Akteur ihr/sein eigenes „schöpferisches Werk" oder verhindert zumindest die Zerstörung des in den zirkulierenden Produkten und Produktkomponenten investierten Kapitals in Form von Rohstoffen, Arbeit, Zeit, Energie, Wissen etc. (Stal & Corvellec 2018). Die Anteilnahme an diesen Wertschöpfungs- und Werterhaltungsprozessen kann sich vom Wiederverkauf des nicht mehr benötigten Produkts, über die Instandsetzung des nicht mehr funktionsfähigen Produkts bis hin zur aktiven Beteiligung an Co-Creation-Prozessen (gemeinschaftliche Initiierung von bedürfnisorientierter Wertschöpfung durch Ansätze wie z.B. Commoning[3]) oder gemeinschaftlichem Konsum (z.b. Sharing) erstrecken. Dies bedeutet, dass die einstigen Endverbraucher*innen in einer Circular Economy selbst eine aktive Wertschöpfungs- und Werterhaltungsinstanz als sogenannte Prosumer (Zusammensetzung aus „Producer" und „Consumer") repräsentieren, die zur Schließung, Nutzungsintensivierung sowie Entschleunigung von Stoffströmen beitragen. Damit sind Prosumer Nutzer*innen und Produzent*innen zugleich, wie die beiden folgenden kurzen Beispiele aufzeigen sollen: 1. Eine in der Stadt lebende Wohngemeinschaft produziert mithilfe der auf dem Dach installierten Photovoltaikanlage elektrische Energie für ihren Eigenbedarf, während entstehende Überkapazitäten in das Stromnetz eingespeist werden, um andere Energienachfrager*innen zu versorgen. 2. Der Verbrauch des Selbsthergestellten kann ebenfalls in den sogenannten „Makerspaces" beobachtet werden. Makerspaces sind größtenteils gemeinschaftlich organisierte, offene und zugängliche Experimentierräume zur Vermittlung technischen Wissens. Neben dem Erwerb von technischen Fähigkeiten werden in Makerspaces Produkte selbst konzipiert und hergestellt, bestehende Produkte repariert und instand gehalten. Das Spektrum reicht von Tischen bis hin zu digitalen Applikationen (Reichel 2015).

Wissenschaftliche Erkenntnisse heben hervor, wie wichtig kommunikativer Austausch, Einbindung und enge Kooperation zwischen den an den Wertschöpfungskreisläufen teilnehmenden Akteursgruppen (z.B. Wiederaufbereitungs-, Recycling-, Logistikunternehmen, Bereitsteller*innen von Dienstleistungen, Nutzer*innen) ist, um ein gemeinsames Verständnis über die individuellen Bedürfnisse und Problemstellungen zu entwickeln (Antikainen et al. 2017; Franco 2017; Lüdeke-Freund et al. 2018; Whalen et al. 2017). Daraus folgt, dass die Interessen und Wünsche der Partizipierenden aufeinander abgestimmt, verknüpft und harmonisiert sein müssen, um die Vision einer Circular Economy Realität werden zu lassen.

Die Ausrichtung des eigenen Handelns auf Eigennutz, Kurzfristigkeit, das Streben nach „So viel Welt als möglich", Besitz sowie dessen Vermehrung werden durch die Anreizstrukturen der aktuellen Linearität forciert. Eine Modifizierung dieser erscheint unumgänglich, da Kollaboration gegenseitige Rücksichtnahme, gemeinschaftliche als auch individuelle Verantwortungsübernahme und Offenheit verlangt.

---

[3] Siehe Glossar

NEUE TECHNOLOGIEN

Idealtypisch wird der Wandel der wirtschaftlichen Strukturen hin zu einer Circular Economy so beschrieben, dass durch neuformierte Geschäftsmodelle, kreislauforientierte Produktgestaltung und Kollaboration innovative Produktnutzungsmuster entstehen, die sich durch Anwendung digitaler Technologien effektiver umsetzen lassen. Internet of Things (IOT)[4], Big Data oder 3D-Druck können Unternehmen als Anwendungen und Instrumente dienen, um die Umstrukturierung zu einem zirkulären Geschäftsmodell erfolgreich zu bewältigen (Bressanelli et al. 2018; Lacy & Rutqvist 2015). Modular konstruierte Produkte sollen integrierte Sensorik besitzen, die es ermöglicht, Informationen über den gegenwärtigen Zustand, Nutzungsintensität sowie lokale Zugänglichkeit der Gegenstände zu erhalten, zu speichern und auszuwerten (Witjes & Lozano 2016). Die gewonnenen Daten können zur Entscheidungsfindung genutzt werden, ob und wann die jeweiligen Produkte oder Komponenten repariert, ausgetauscht und ersetzt werden sollen. „Intelligente" mit Sensoren ausgestattete Produkte schaffen die Voraussetzung dafür, Dienstleistungsangebote neu zu denken und weiterzuentwickeln. Ein Beispiel hierfür ist die Übertragung von Daten zur Ermittlung der Nutzungs- und Pflegeintensität von gemieteten oder geleasten Waschmaschinen an den Waschmaschinenhersteller. Dieser kann auf Grundlage der Analyse und Auswertung der generierten Daten Informationen über potentielle Ausfallmechanismen erhalten, Schwachstellen im Produktdesign identifizieren und Nutzungsmuster aufdecken. Daraus können wiederum produktlebensdauerverlängernde Maßnahmen sowie auf die Nutzer*innen zugeschnittene Serviceleistungen abgeleitet werden (Rubel et al. 2018). Eine weitere Technologie, die mit der Circular Economy häufig in Verbindung gebracht wird, ist 3D-Druck, der auch unter dem Frame „Additive Manufacturing" (AM) bekannt ist. Beim 3D-Druck werden unter Anwendung von computergestützten Konstruktionsprogrammen (CAD) Materialien wie Kunststoffe oder Metalle Schicht für Schicht präzise aufgetragen und miteinander verbunden, bis ein dreidimensionaler Gegenstand entsteht. Das positive Zukunftsbild aus einer Circular Economy-Perspektive lässt sich so umschreiben, dass 3D-gedruckte Objekte individuellen Bedürfnissen und Anforderungen angepasst werden können, z.B. um Ersatzteile und Komponenten vor Ort, un-

---

[4] Internet of Things ist ein Sammelbegriff für Technologien, die es ermöglichen, über das Internet physische und virtuelle Objekte miteinander zu vernetzen. Die Idee besteht darin, automatisch relevante Informationen aus der realen Welt zu abstrahieren, um diese zur Erreichung der eigenen Zielhorizonte zu nutzen.

abhängig von Verfügbarkeiten und Lagerbeständen, nachzudrucken und so defekte Geräte dezentral zu reparieren. Auf diese Weise kann die Lebensdauer von bereits existierenden Produkten verlängert und der Ersatzkauf eines neuen Produktes vermieden werden. Darüber hinaus könnten potentiell finanzielle Kosten sowie negative Auswirkungen auf Natur und Gesellschaft durch den Transport und die Lagerung des Produktes und dessen Komponenten entfallen.

BILDUNG

Wie die bisherigen Ausführungen zur Circular Economy und ihren primären Anwendungs- und Umsetzungsbereichen eröffnen, bedarf ein zirkulärer Wandel der Konsum- und Produktionsformen einer wesentlichen Neuausrichtung wirtschaftlicher Annahmen und Auslegungen. Eine Neuformulierung und -interpretation ökonomischer Grundlagen und ökonomischen Denkens muss deshalb schon in der Ausbildung von zukünftigen Unternehmer*innen, Designer*innen, Berater*innen, Wissenschaftler*innen oder Produktentwickler*innen, aber auch in der Wertevermittlung und Bildung zu mündigen, sich verantwortlich in die Gesellschaft einbringenden Menschen, erfolgen. Unabhängig der Art und Form von Ausbildungsinstitutionen sollen Menschen zu zukunftsfähigem Denken und Handeln befähigt werden, um darauf aufbauend verantwortungsvolle Entscheidungen treffen zu können: Wie beeinflusst mein Konsumverhalten, die Entscheidungen darüber, welches Produkt und wie ich dieses Produkt nutze, die gegenwärtige Generation sowie zukünftige Generationen? Welche ökologischen und sozialen Nebeneffekte hat das in meiner Hand liegende Smartphone? Was passiert mit meinem ausrangierten Fernseher, den ich auf die Straße stelle? Warum muss ich überhaupt den Fernseher auf die Straße stellen, wenn er doch eigentlich noch funktioniert? Investiere ich meine Ideen und meine Lebenszeit als Mitarbeiter*in in ein Unternehmen, das die Lebensgrundlage meiner Freunde, meiner Familie oder meiner Kinder und Enkel systematisch zerstört? Mit all diesen Fragen sollten Schüler*innen und Studierende im Laufe ihrer schulischen und akademischen Ausbildung konfrontiert werden, sodass Reflexionsfähigkeit über das eigene Handeln und die nötige Sensibilität zu Zukunftsfragen aufgebaut und gefördert wird. Insbesondere Universitätsfakultäten der Wirtschaftswissenschaften (vor allem Betriebswirtschaftslehre, Volkswirtschaftslehre, Wirtschaftsingenieurwesen) und Design Studies (Produkt- und Industriedesign, Modedesign, Architektur etc.) sollten die vielfältigen Facetten der Circular Economy und anderer alternativer Ansätze ökonomischen Denkens in ihre Vorlesungspläne und Lehrveranstaltungen aufnehmen (Raworth 2018). Bedeutend hierfür ist die Öffnung der Wirtschaftswissenschaften und Design Studies für Erkenntnisse aus anderen Bereichen des Denkens und Lehrens, wie z.B. aus der Psychologie, Soziologie, Ökologie oder den Komplexitäts- und Nachhaltigkeitswissenschaften. Nur eine interdisziplinäre, das heißt bereichsübergreifende Ausrichtung der Lehrinhalte in den wirtschaftswissenschaftlichen und gestalterischen Studiengängen kann für die Komplexität der Herausforderungen des 21. Jahrhunderts und die Fehlentscheidungen, die in der Vergangenheit getroffen worden sind, sensibilisieren. Gelehrtes Wissen sollte deshalb jederzeit aus einer ökologischen und gesamtgesellschaftlichen Perspektive kritisch reflektiert und hinterfragt werden. John Stuart Mill, einer der einflussreichsten politischen und ökonomischen Philosophen des 19. Jahrhunderts, brachte es nach der Veröffentlichung seines Werkes „Grundsätze der politischen Ökonomie" auf den Punkt, indem er formulierte, dass die Ökonomie

„nicht als ein Ding für sich [steht], sondern als Fragment eines größeren Ganzen, als ein Zweig der sozialen Philosophie, welcher so verwoben [ist] mit allen anderen, dass seine Folgerungen selbst auf dem ihm eigenen Gebiet nur bedingt wahr und der Einmischung und Gegenwirkung von Ursachen unterworfen sind, die nicht unmittelbar in ihrem Bereich liegen" (Mill, 1848 zitiert nach Raworth 2018, S. 346).

Soll heißen, dass die Ökonomie in ein gesellschaftliches Ganzes eingebettet ist, das wiederum von den ihr umgebenen intakten Ökosystemen und Naturbedingungen abhängig ist.

VERÄNDERUNG POLITISCHER RAHMENBEDINGUNGEN

Die hier beschriebenen Instrumente und Orientierungskorridore verdeutlichen, dass eine ausgesprochen wichtige Herausforderung zur Verwirklichung der Circular Econcomy darin besteht, die in unterschiedlichen Gesellschaftsbereichen wirkenden Umsetzungsansätze sinnvoll miteinander zu koordinieren und zu harmonisieren. An dieser Stelle kommt den politischen Institutionen auf kommunaler, regionaler, nationaler und europäischer Ebene eine zentrale Rolle zu (Linder & Williander 2015).

Gegenwärtig kann der politische Rahmen zur Förderung der Circular Economy als unzureichend deklariert werden (Ellen MacArthur Foundation 2014). Viele am Markt erfolgreiche und machtvolle Unternehmen profitieren davon, dass sich negative externe Effekte, das heißt die ökologischen sowie sozialen Nebenwirkungen ihres Handelns nicht in den Marktpreisen widerspiegeln. Die entlang der linearen Wertschöpfungsketten entstehenden nicht-monetären Kosten (siehe Kapitel 2) werden der Gesellschaft und der Natur auferlegt und finden innerhalb der betriebswirtschaftlichen Kosten- und Leistungsrechnung der verursachenden Unternehmen keine Berücksichtigung. Dies wiederum reduziert die Produktionsgesamtkosten und stärkt damit die Wettbewerbsfähigkeit von linear ausgerichteten Unternehmen, und verringert dagegen die ökonomische Attraktivität von zirkulären Geschäftsmodellen. Durch die Anwendung umweltökonomischer Instrumente, wie z.b. die Verabschiedung einer ökologischen Steuerreform durch die Besteuerung von naturzerstörenden Wirtschaftspraktiken, könnten die entstandenen sozial-ökologischen Kosten den Verursacher*innen zugeordnet werden. Ein solcher Ansatz bietet die Möglichkeit, höhere Produktnutzungsraten zu erreichen sowie die Ausdehnung von Nutzungsdauern und den vermehrten Einsatz von Rezyklat bzw. Sekundärmaterialien zu forcieren. Durch die gesetzlich gesteuerte Preiserhöhung naturschädigender Produkte werden alternative Konsumformen sowie gemeinschaftliche Produktnutzungspraktiken (z.b. Prosuming, Sharing oder Commoning) preislich reizvoller. Darüber hinaus müssen indirekte und direkte Subventionszahlungen für ressourcenintensive Industrien, wie z.B. für die Automobil- und Flugfahrtindustrie oder für die Industrien der Gewinnung und Verarbeitung endlicher Rohstoffe mineralischen und fossilen Ursprungs, umgeleitet und für die Förderung neuartiger, zirkulär ausgerichteter Geschäftsmodelle eingesetzt werden.

Weitere politisch-rechtliche Anknüpfungspunkte zur Stärkung der Circular Economy bieten gesetzgeberische Spielräume im Zivil- und öffentlichen Recht. Ein vieldiskutierter Ansatz stellt die Ausweitung der Kennzeichnungspflichten dar. Gegenwärtig besteht für Unternehmen keine Pflicht, die voraussichtliche Lebensdauer von angebotenen Produkten offenzulegen. Hier besteht durch gesetzliche Steuerung die Möglichkeit, Unternehmen zur Angabe der voraussichtlichen Lebensdauer ihrer Produkte zu verpflichten. Darüber hinaus kann den Unternehmen die Pflicht zur Offenlegung von Informationen zur Reparierbarkeit, Verfügbarkeit von Ersatzteilen sowie die Auflistung von Reparaturkosten auf Produktverpackungen auferlegt werden. So könnte die gegenwärtige Transparenz erhöht und vorhandene Informationsasymmetrien zwischen Unternehmen und Nutzer*innen vermindert werden (UBA 2015).

3.3 Circular Economy auf der politischen Agenda und in der wirtschaftlichen Praxis

Um ein besseres Verständnis der Circular Economy zu erhalten und die vorher beschriebenen theoretisch fundierten Prinzipien zur praktischen Umsetzung in Politik und Ökonomie zu veranschaulichen, werden nachfolgend einerseits die Inhalte des Circular Economy Packages der Europäischen Union (EU) grob vorgestellt und andererseits ein privatwirtschaftliches Unternehmen im Bereich der Wiederaufbereitung und Wiedervermarktung von Geräten aus der Informations- und Kommunikationstechnologie (IKT) skizziert.

DAS CIRCULAR ECONOMY PACKAGE DER EU

Im Dezember 2015 präsentierte die Europäische Kommission den Aktionsplan „Closing the loop – An EU action plan for the circular economy" zur Förderung und politischen Priorisierung der Circular Economy auf EU-Ebene. Der Aktionsplan beinhaltet ein Bündel von Maßnahmen, um Impulse für ressourcenschonendes Wirtschaften in den Bereichen Produktgestaltung, Produktionsprozesse, Konsum, Abfallbewirtschaftung und Sekundärrohstoffmärkte zu setzen und versucht, durch finanzielle Anreize, eine zirkulär ausgerichtete Innovations- und Investitionskultur in Wirtschaft und Forschung zu etablieren, z.b. durch die Stärkung des umweltgerechten öffentlichen Beschaffungswesens (Green Public Procurement, GPP).

Das Bestreben der Europäischen Kommission, einen derartigen Aktionsplan zu entwerfen, beruht auf den Erwartungen, dass die Umsetzung der Circular Economy Prinzipien die gegenwärtigen Wirtschaftsstrukturen verändern und daraus einerseits kohlenstoffarme und ressourceneffiziente Produktions- sowie Konsumstile und andererseits dauerhafte Wettbewerbsvorteile für die EU auf der globalen Bühne intensiv umkämpfter Märkte resultieren. Die Steigerung der Wettbewerbsfähigkeit ergründet sich daraus, dass Ressourcenabhängigkeiten gegenüber Nicht-EU-Staaten und damit einhergehend potentielle Beschaffungsrisiken von Unternehmen abnehmen. Unabhängig von unbeständigen bzw. instabilen Rohstoffmärkten zu agieren und die Fähigkeit, Ressourcenpreisschocks, ausgelöst durch z.B. Naturkatastrophen oder kriegerische Auseinandersetzungen, absorbieren zu können, erhöht die ökonomische Stabilität eines Wirtschaftsraumes. Darüber hinaus eröffnet die Circular Economy den Unternehmen die Möglichkeit, erhebliche Materialkosteneinsparungen vorzunehmen, um somit neue Wege der unternehmerischen Ertragsgenerierung zu schaffen.

Ein weiterer Argumentationspfad im Aktionsplan stützt sich auf die Annahme, dass kreislauforientierte Volkswirtschaften großes Potential entwickeln, innovative Geschäftsmodelle, neue Wirtschaftszweige sowie lokale Arbeitsplätze hervorzubringen. Institutionen aus Wissenschaft und Forschung sollen in Kooperation mit Unternehmen neue Technologien, Verfahren und Produkte entwickeln, in der Praxis erproben und zur Marktreife führen, die letztendlich zur industriellen Modernisierung beitragen. Mit dem Fokus auf marktwirtschaftliche Innovations- und Investitionsförderung kann das Circular Economy Package als zukunftsweisendes politisches Instrument zur Anregung ökonomischen Wachstums auf EU-Ebene interpretiert werden.

Die EU nimmt mit der Formulierung und Ausgestaltung des Aktionsplans eine Unterstützungsfunktion wahr und hebt lokale, regionale und nationale Behörden als wichtige Impulsgeber für die Realisierung der Circular Economy hervor. Sie sind dazu aufgefordert, einen geeigneten und zielführenden gesetzlichen Rahmen zu ziehen, in dem Unternehmen ihre Innovationskraft und Kreationspotenziale frei entfalten können.

EIN UNTERNEHMEN DENKT UND HANDELT IN KREISLÄUFEN – DIE bb-net media GmbH

Die bb-net media GmbH wurde 1995 in Schweinfurt gegründet, beschäftigt 60 feste Mitarbeiter*innen und erwirtschaftete im Jahr 2016 zwölf Millionen Euro Umsatz. Ein klassisches Beispiel für mittelständisches Unternehmertum im südlichen Deutschland. Die bb-net media GmbH richtet ihre Geschäftstätigkeiten auf den Ankauf, die Wiederaufbereitung (Refurbishment) und die Wiedervermarktung (Resale) von Notebooks, PC-Systemen, TFT-Displays, Tablets und Smartphones. Demzufolge kann die Unternehmung als Spezialistin in der Verlängerung von Produktlebensdauern und somit als zirkuläre Wertschöpfungspionierin bezeichnet werden, die mit bereits Vorhandenem und Genutztem ökonomischen Mehrwert schafft. Sie wird dann aktiv, wenn hochkomplexe IT-Produkte nicht mehr benötigt oder ihre Funktionsfähigkeiten aufgrund von Verschleiß oder unsachgemäßer Behandlung eingeschränkt sind. Durch die Anwendung von Produktaufbereitungsmethoden werden IT-Geräte und ihre Komponenten vor ihrem Verfall bewahrt und in eine erneute Nutzungsphase überführt.

Um einen groben Einblick in die alltäglichen Geschäftsprozesse des Unternehmens zu erhalten, werden nun in chronologischer Abfolge die Aufbereitungsschritte von gebrauchten Laptops nachgezeichnet: Die „Lieferant*innen" oder Bereitsteller*innen von bereits genutzten Laptops, die die bb-net media GmbH erwirbt und als Ausgangsmaterial für ihre Wertschöpfungsaktivitäten benötigt, sind Unternehmen unterschiedlichster Art, Behörden oder Servicegesellschaften, wie z.B. Versicherungen oder Leasinganbieter*innen von IT-Produkten. Die Organisation des Transports der von der bb-net media GmbH aufgekauften gebrauchten Laptops wird in enger Zusammenarbeit mit Logistikdienstleister*innen abgewickelt. Nachdem die angekauften Laptops in den Geschäfts- und Aufbereitungshallen des Unternehmens eingegangen sind, erfolgt zunächst eine den heutigen Standards entsprechende Vernichtung der auf den Geräten befindlichen Daten unter der Anwendung zertifizierter Löschmethoden. Für Datenträger der höchsten Sicherheitsstufen oder defekte Datenträger, die sich nicht mittels einer Softwarelösung bereinigen lassen, wird eine mechanische Zerstörung mithilfe eines speziellen Festplattenlochers vorgenommen. Nach der Datenbereinigung gelangen die Laptops in den ersten Schritt des Wiederaufbereitungsprozesses – ein umfassendes optisches und technisches Audit. Hierzu gehören Aktivitäten, wie z.B. die Feststellung der technischen Konfiguration, Prüfung auf optische Mängel und Beschädigungen oder die technische Kontrolle der Funktionsfähigkeit aller Komponenten (Akku etc.). Falls Gerätekomponenten defekt und eine Aufbereitung der geprüften Laptops unrentabel oder nicht möglich ist, werden diese in verschiedene Fraktionen segmentiert und Recyclingunternehmen bereitgestellt. Die zum Refurbishment auditierten und freigegebenen Laptops durchlaufen im Anschluss zeitlich und räumlich geordnete Reinigungs- und Instandsetzungsschritte in Form von Reparaturen, Schönheitskorrekturen oder Komponentenupdates zur Steigerung der Leistungsfähigkeit etc. Die bb-net media GmbH verkauft die wiederaufbereiteten Laptops unter der Marke „tecXL", das gleichzeitig als Zertifizierungs-Label für die Zusicherung der Einhaltung ihrer Qualitätsanforderungen genutzt wird. Nach den Distributionsvorbereitungen (u.a. Organisation und Abstimmung des Auslieferungstransports, Verpacken) erfolgt der Versand der Laptops an E-Trailer, Fachhändler*innen, gewerbliche Nutzer*innen in Form von Unternehmen sowie öffentliche Einrichtungen (Schulen, Behörden etc.). Nach der Kaufabwicklung bietet die bb-net media GmbH einen After-Sales-Service an, der als Unterstützungsinstanz bei Reparaturen, Ersatzteilbeschaffung und Rückfragen den Kund*innen zur Seite steht.

Zusammenfassend lässt sich feststellen, dass die Mission der bb-net media GmbH darin besteht, zuverlässige und kostengünstige wiederaufbereitete IT-Produkte mit flexiblem Kund*innen-Service anzubieten, vor dem Hintergrund, den Raubbau an der Natur zu verlangsamen.

3.4 Kritische Reflexion

Nachdem die vorausgegangenen Unterkapitel den Grundlagen der Circular Economy nachgingen, ihre Umsetzungsansätze definierten sowie ihre Erscheinungsformen auf der politischen Agenda und in der wirtschaftlichen Praxis umschrieben, erfolgt nun ein kritischer Blick auf ihre formulierten Zielvorstellungen und inbegriffenen Grundannahmen. Die zunehmende wissenschaftliche, politische und wirtschaftliche Bedeutung der Circular Economy kann auf nationaler sowie internationaler Ebene beobachtet werden. Eine seit dem Jahr 2012 exponentielle wachsende Anzahl wissenschaftlicher Publikationen fokussiert insbesondere zirkuläres Geschäftsmodell- und Produktdesign (Geissdoerfer et al. 2017; Merli et al. 2018; Murray et al. 2017). Sowohl das von der Europäischen Kommission ins Leben gerufene „Circular Economy Package", das im vorherigen Kapitel vorgestellt wurde, als auch das im Jahr 2012 von der deutschen Bundesregierung ausgearbeitete Ressourceneffizienzprogramm „ProgRess", unterstreichen exemplarisch die politische Intention, das Konzept der Circular Economy zu fördern (BMUB 2015). Das wachsende Interesse unterschiedlicher Akteursgruppen an der Circular Economy erfordert Verständigungsbedarf und einen Diskurs darüber, inwieweit sie zu einem gesellschaftlichen Wandel in Richtung Nachhaltigkeit beiträgt. Gerade weil sie durch ihre angestrebte Ausrichtung eine nachhaltige Entwicklung begünstigen soll, ist eine kritische Auseinandersetzung der mit ihr verbundenen Veränderungsprozesse sowie ihrer Voraussetzungen und Wirkungen zwingend nötig.

Das aktuelle Framing oder der normative Deutungsrahmen der Circular Economy kann als ambivalent oder divergierend bezeichnet werden, wenn die Circular Economy als Ausweg aus der sozial-ökologischen Krise fungieren soll (Hofmann et al. 2018). Einerseits lässt die starke Fokussierung auf digitale Lösungen, Wertschöpfungsmanagement sowie Produkt- und Geschäftsmodellinnovationen innerhalb politischer, ökonomischer und wissenschaftlicher Aushandlungsarenen (wie z.B. das Circular Economy Package) darauf schließen, dass die Circular Economy als Träger einer ökologischen Modernisierung des gegenwärtigen linearen industriellen ökonomischen Systems aufgefasst werden kann (u.a. Ellen MacArthur Foundation 2014; Rubel et al. 2018; WEF 2014). Dieser eher technokratischen Lesart von Circular Economy liegt die Annahme zugrunde, dass technische Lösungen eine Effizienzrevolution auslösen und dem bisher unter konservativen und traditionellen Ökonom*innen und Politiker*innen vorherrschenden Leitsatz folgt, wirtschaftliche Expansion bzw. wirtschaftliches Wachstum von Naturzerstörung zu entkoppeln. Eine vielzitierte und an wirtschaftswissenschaftlichen Universitätsfakultäten sowie in politischen und ökonomischen Diskursen oft verwendete Argumentation zur Legitimation des „grünen" Wirtschaftswachstums, ist die Umwelt-Kuznets-Kurve, wonach das Wirtschaftswachstum die ökologischen Probleme, die es verursacht hat, zu einem späteren Zeitpunkt wieder auflöst bzw. beseitigt (von Hauff 2015). Das heißt die aktuellen linearen Konsum- und Produktionsformen sollen durch zirkuläre Erosionen von innen heraus, also aus der Wirtschaft selbst heraus, aufgebrochen werden, sodann sich eine Spirale aus umweltfreundlichen technologischen Fortschritts und damit des „grünen" Wachstums formiert. Zwar ist es bisher nicht empirisch erwiesen, dennoch erscheint es plausibel, dass Unternehmen mit zirkulär ausgerichteten Geschäftsmodellen (siehe Kapitel 3.2) ihre Gesamtproduktionskosten durch die geringere Nachfrage nach natürlichen Rohstoffen senken und letztendlich die Ausbeutung der Natur reduzieren. Allerdings könnten sie die Kosteneinsparungen in den Ausbau von Produktions-kapazitäten und neue Produktentwicklungen investieren, um erstens neue Marktsegmente zu erschließen und/oder zweitens vorhandene Marktanteile auszubauen. Das Ergebnis wären systemische Rebound-Effekte, die die Einsparungen kompensieren bzw. sogar überkompensieren und so zu einem erhöhten Verbrauch natürlicher Ressourcen führen können (Backfire; Tukker 2015). Dieses Phänomen kann bei unterschiedlichen zirkulären Geschäftsmodelltypen beobachtet werden (vgl. Kapitel 3.2). Versorgungs-, Aufbereitungs- und Beständigkeits-modelle verändern nicht die klassischen Anreize, den Produktabsatz stetig zu maximieren. Bei Bereitstellungsmodellen besteht die Möglichkeit, dass Nutzer*innen mit weniger Sorgfalt und Behutsamkeit Produkte verwenden, aufgrund der fehlenden bindenden Beziehung zwischen Nutzer*in und Gegenstand, sodass Produkte schneller „verbraucht" und ihre Lebens- und Nutzungsdauern erheblich abnehmen. Darüber hinaus können Nutzer*innen von Bereitstellungsmodellen angeregt werden, ihre durch die Inanspruchnahme von Sharing-Angeboten generierten Ersparnisse für andere umweltbelastende Aktivitäten auszugeben, wie z.B. Flüge oder andere Konsumgüter.

Darüber hinaus lässt die starke Hervorhebung von digitalen Technologien die Circular Economy als subtil durchtechnisiertes Zukunftsbild der Gesellschaft und Ökonomie erscheinen, in der smarte, miteinander „kommunizierende" Produkte die Lebenswelt von Menschen, und wie diese durch ihr Leben schreiten, dokumentieren und steuern (vgl. Kapitel 3.2). Die aus der Produktnutzung erhaltenen Daten können mithilfe von Big Data-Analysen ausgewertet und darauf aufbauend Alltagsroutinen, Handlungs- sowie Entscheidungsmuster und somit Persönlichkeitseigenschaften von Nutzer*innen offenlegen. Das daraus von Unternehmen erstellte Persönlichkeitsprofil wird mit dem „digitalen Profil" (abgeleitet aus dem Verhalten in sozialen Netzwerken, wie z.B. Facebook oder Instagram, oder infolge der Nutzung von Suchmaschinen oder Online-Kartendiensten, wie Google Maps) aggregiert, sodass der gläserne, durchleuchtete Mensch nicht mehr einer orwell'schen Dystopie[5] entspringt, sondern erfahrbare Realität wird, wonach nicht Staaten, sondern privatwirtschaftliche Unternehmen als Überwachungsorgane amtieren. Daher ist neben den Themenkomplexen der Datensicherheit und des Datenschutzes der potentielle gesellschaftliche Machtausbau von Unternehmen in der Circular Economy kritisch zu betrachten.

---

[5] George Orwells Roman „1984" (im Jahr 1948 erstmalig veröffentlicht) basiert auf einer fiktionalen, in der Zukunft spielenden Erzählung, in der die systematische Zerstörung des Menschen durch einen totalitären Überwachungsstaat thematisiert wird.

Aus einer anderen Deutung heraus argumentiert, entwirft das Konzept der Circular Economy unverkennbar Lösungskorridore für potentielle Pfade eines sozial-ökologischen Wandels der Ökonomie. Einige wenige Wissenschaftler*innen (Bocken et al. 2016; Hobson & Lynch 2016; Lüdeke-Freund et al. 2018) berücksichtigen die oben erwähnten möglichen systemischen Rebound-Effekte der Circular Economy und diskutieren vermehrt suffiziente Produktions- und Konsumstile. Dies sind Wirtschaftspraktiken, die eine agnostische Haltung gegenüber Wachstum einnehmen und Lösungen darstellen, die proaktiv darauf abzielen, den absoluten Naturverbrauch von Konsument*innen und Nutzer*innen zu reduzieren. Im Kontext von zirkulären Geschäftsmodellen müssen vor allem Performancemodelle (vgl. Kapitel 3.2) hervorgehoben werden, deren Leistungsangebote dematerialisierend wirken, also von materiellen Produkten losgelöst sind. Des Weiteren wird in der Konzeptualisierung der Circular Economy teilweise auf Slow-fashion- oder Slow-electronics-Ansätze Bezug genommen. Slow-Ansätze fokussieren, neben Entschleunigung durch Ausdehnung von Produktnutzungsdauern, Transparenz und eine regionale Herkunft von Produktkomponenten, auf eine nicht-konsumeristische Auslegung des Marketings von Unternehmen. Das heißt Unternehmen sensibilisieren ihre Kund*innen bezüglich der Auswirkungen ihres Konsums auf Natur und Gesellschaft und motivieren sie dazu, ihren Konsum zu reduzieren.

Außerdem kann die Betonung von neuartigen, intensiveren Formen der Kollaboration unter den in den Kreisläufen partizipierenden Akteuren in der Circular Economy durchaus zu einer abweichenden Vorstellung führen, was Ökonomie bedeutet, auf welchem Fundament sie fußt, und wie eine emanzipatorische Wirtschaft, das heißt eine Loslösung von starken wirtschaftlichen Abhängigkeitsverhältnissen zwischen Gesellschaft / Ökonomie und einzelnen Großunternehmen und Industriesektoren, gestaltet werden kann. Insbesondere Konzepte des Prosumings in Form von Commoning (vgl. Kapitel 3.3) können hier als positive Erzählungen herausgestellt werden, die zur Reformierung der Ökonomie beitragen, und was überdies noch viel bedeutender erscheint, ist, dass sich dadurch die Grundzüge des derzeitigen ökonomischen Denkens und Lehrens grundlegend verändern. Wenn Nutzer*innen zu Ko-Kreateuren von Produkten werden und ihre materielle Lebensgrundlage in gemeinschaftlich verwalteten Wertschöpfungsnetzen partiell selbst erschaffen, bedeutet das eine Forcierung der Selbstermächtigung von passiven Konsument*innen oder Nutzer*innen hin zu proaktiven, selbstschöpfenden Wirtschaftssubjekten. Es ist anzunehmen, dass hierdurch die ökonomische Unabhängigkeit von Großunternehmen zunehmen, der soziale Zusammenhalt durch die Schaffung eines Gemeinschaftsgefühls unter den Teilnehmenden gestärkt sowie das Vertrauen in wirtschaftliche Prozesse und Strukturen wiederhergestellt wird. Allerdings erhalten commons-basierte Ansätze, wie z.B. Makerspaces, in der Konzeptualisierung der Circular Economy eine marginale Nebenrolle.

Nichtdestotrotz werden Aspekte der sozialen Dimension von Nachhaltigkeit, wie die Verletzung von Menschenrechten und Berücksichtigung von demokratischen Grundprinzipien innerhalb zirkulärer Wertschöpfungsnetzwerken oder Verteilungsgerechtigkeit, wie in der Donut-Ökonomie (vgl. Kapitel 2.2) herausgestellt, in der Circular Economy negiert.

Zusammenfassend lässt sich feststellen, dass die Circular Economy einerseits durch geschlossene Produkt- und Materialkreisläufe die Minimierung des Verbrauchs natürlicher Ressourcen sowie die Reduzierung umwelt- und gesundheitsschädigender Emissionen beabsichtigt. Andererseits vernachlässigt sie bisher jedoch gesellschaftliche Aspekte wie Teilhabe (außer die am Rand des Circular-Economy-Diskurses stattfindenden ökonomisch-tiefgreifend verändernden Vorschläge wie Commoning), soziale Gerechtigkeit, Überwachung oder Lebensqualität. Aufgrund dieser noch offenen Fragestellungen kann die Circular Economy als ein erforderlicher, aber noch kein ausreichender Ansatz zur notwendigen Umgestaltung des Wirtschaftens in Richtung Nachhaltigkeit erachtet werden. Die Circular Economy muss daher an die ganzheitliche Idee der sozial-ökologischen Transformation angepasst werden, die eine erneute „Wiedereinbettung" der Ökonomie in die Gesellschaft anstrebt (vgl. Kapitel 2.2). Um den Wandel der Ökonomie so zu gestalten, dass sie *„den Erfordernissen der menschlichen Natur untergeordnet werden [kann]"* (Polanyi 1978, S. 329), ist eine konsequente Ausrichtung an Wohlstand sowie den hierfür notwendigen Erhalt der natürlichen Lebensgrundlagen geboten. Die CE muss schließlich als eine „Circular Society" gedacht werden, deren Elemente im nächsten Kapitel skizziert werden.

Circular Economy reloaded? Circular Society und die Große Transformation

4

1. DIE „GROSSE TRANSFORMATION"
2. ELEMENTE UND SZENARIEN EINER CIRCULAR SOCIETY
3. FAZIT

In den vorangegangenen Kapiteln wurde zunächst die multiple sozialökologische Krise der modernen Welt beschrieben und eine zentrale Ursache an der linearen und am materiellen Wachstum orientierten Logik gegenwärtiger Praktiken des Wirtschaftens, Produzierens und Konsumierens festgemacht. Die Idee der Donut-Ökonomie wurde als eine mögliche Orientierung zur Veränderung des dominanten ökonomischen Denkens und seiner fatalen Auswirkungen vorgestellt. Die Circular Economy ist vor diesem Hintergrund als ein Konzept und Ansatz zu sehen, der diese Transformation im Denken in die Tat umsetzt und alternative Praktiken des Wirtschaftens, Produzierens und Konsumierens aufzeigt. Wie zuletzt festgestellt, greift das Konzept aber dann zu kurz, wenn es sich vor allem auf technische und industrielle Innovationen konzentriert. Im Folgenden werden wir mit einem kurzen Exkurs zur „Großen Transformation zur Nachhaltigkeit" und dem „normativen Kompass", wie sie der Wissenschaftliche Beirat der Bundesregierung für Globale Umweltveränderungen" (WBGU) entwickelt hat, einige Ideen und Beispiele für eine „ganzheitliche" bzw. sozialökologische Circular Economy vorstellen, die wir „Circular Society" nennen.

4.1 Die „Große Transformation"

„Große Transformationen hat es in der Geschichte der Menschheit immer wieder gegeben. Die beiden größten und zugleich bekanntesten sind die Neolithische Revolution, also der Übergang von der Jäger- und Sammlergesellschaft zur Agrargesellschaft und die Industrielle Revolution. Während sich die historischen Transformationen weitgehend evolutionär, graduell und in Etappen entwickelten, muss die Menschheit nun erstmals einen weltweiten zivilisatorischen

Systemwechsel aktiv gestalten und beschleunigen, da ansonsten die 2 °C-Klimaschutzleitplanke schnell durchbrochen wäre. An dieser Stelle setzt der WBGU an und untersucht, wie ein Suchprozess für die Transformation gestaltet und wie der transformative Entwicklungskorridor ‚aufgespannt' werden kann" (WBGU 2011, S. 21).

Im WBGU-Hauptgutachten „Gesellschaftsvertrag für eine Große Transformation" von 2011 wird die Notwendigkeit betont, die gegenwärtige multiple, sozial-ökologische Krise der Weltgemeinschaft nicht mit einfachen Rezepten und punktuellen Veränderungen zu lösen. Stattdessen soll eine umfassende Veränderung aus Einsicht (in die desaströsen Folgen menschlichen Handelns), Umsicht (für Umwelt und Gesellschaft) sowie aus Voraussicht (für das Wohlergehen nachfolgender Generationen) eingeleitet werden. Die Veränderung soll nicht nur in einzelnen Bereichen, wie der Wirtschaft, umgesetzt werden, sondern so umfassend und umwälzend sein, wie die oben im Zitat genannten historischen Wendepunkte kultureller Evolution. Der Unterschied ist aber, dass die Veränderung nicht graduell und über einen langen Zeitraum verlaufen soll, sondern revolutionär oder disruptiv, denn der Menschheit bleibt laut WBGU nicht mehr viel Zeit. Diesen Zeitdruck betont auch das IPCC (Intergovernmental Panel on Climate Change), das in seinem im Oktober 2018 veröffentlichten Sonderbericht zu dem Schluss kommt, dass das 1,5°C-Ziel, auf dass sich die Weltgemeinschaft 2016 als maximal akzeptierte globale Erwärmung geeinigt hat, nur dann noch nachhaltig erreicht werden kann, wenn bis 2030 weltweit der Ausstieg aus der Nutzung fossiler Brennstoffe umgesetzt wird. Der Zeithorizont, um noch eine „transformation by design" (Sommer & Welzer 2014) – das heißt eine Anstrengung zur eigenen Gestaltung des Veränderungsprozesses – umzusetzen, schwindet daher zusehends, und es droht eine „transformation by disaster", bei der auf die weltweiten katastrophalen Folgen des Klimawandels nunmehr reagiert werden kann.

Auch der WBGU formuliert ähnlich wie der „Oxfam Donut" von Kate Raworth die Notwendigkeit, die Entwicklung in einen „safe space" hineinzusteuern, der es ermöglichen soll

„der bisher ausgeschlossenen Bevölkerungshälfte elementare Entwicklungsziele wie Zugang zu Nahrungsmitteln, sauberem Wasser, Gesundheitsversorgung oder Armutsbekämpfung zu ermöglichen, ohne dabei die planetarischen Leitplanken zu verletzen" (WGBU 2011, S. 117).

Zum 1,5°C-Ziel kommt daher noch das Ziel, eine sozial gerechte, globale Verteilung der zur Verfügung stehenden Ressourcen zu erreichen. Beide Ziele hängen eng zusammen, da der Klimawandel, aber auch schon die Umweltverschmutzung und -zerstörung, die den Klimawandel begünstigen, die natürlichen Lebensgrundlagen dezimiert und global ungerecht verteilt sind, wie in Kapitel 2 bereits beschrieben.

Im WBGU-Hauptgutachten von 2016 werden die beiden Ziele 1. Erhalt der natürlichen Lebensgrundlagen und 2. Soziale Gerechtigkeit und Teilhabe zum sogenannten „normativen Kompass" ausgebaut und dabei um eine dritte Zieldimension, die „Entfaltung sozio-kultureller Eigenart" erweitert. Die Dimension der „Teilhabe" formuliert dabei Mindeststandards für die substanzielle, politische und ökonomische Teilhabe aller Bürger*innen, während die Dimension der Erhaltung natürlicher Lebensgrundlagen die maximal tolerierbaren Wirkungen gesellschaftlicher Entwicklung kennzeichnet, die die natürlichen Lebensgrundlagen gegenwärtiger sowie zukünftiger Generationen nicht gefährden darf. Die Dimension Eigenart erkennt die Diversität menschlicher und gesellschaftlicher Entwicklung an und betont, dass eine freie Entfaltung von Identität und Lebensqualität je nach lokalen sozial-räumlichen und sozio-kulturellen Bedingungen innerhalb der Mindeststandards und Maximalwirkungen ermöglicht werden soll. Damit verbunden ist ein „Recht auf Gestaltungsautonomie", das heißt das Recht auf das Suchen und Finden lokaler Lösungen auf Nachhaltigkeitsprobleme. Dieser Prozess kann dabei durchaus „glokal" erfolgen, das heißt auf lokaler Ebene handelnd aktiv sein, aber dabei im globalen Austausch mit anderen Akteuren, Regionen oder Ländern stehen, wobei Ideen übertragen und Erfahrungen ausgetauscht werden.

Während Kate Raworth mit den im zweiten Kapitel beschriebenen sieben alternativen Denkansätzen versucht, die neuen ökonomischen, aber auch politischen und kulturellen Werte und Handlungsorientierungen zu benennen, betont der normative Kompass des WBGU die Bedeutung eigenartiger, lokalspezifischer Entwicklungspfade bei der Suche nach nachhaltigen Lösungen sowie die Diversität und Kreativität der Suchprozesse. Beide Ansätze entwickeln keine Blaupause für nachhaltige Entwicklung, sondern einen Handlungskompass, der klar an den Bedürfnissen aller Menschen ausgerichtet ist und nicht an denen bestimmter Interessensgruppen oder globaler Eliten. Technologie und Ökonomie haben dabei jeweils dienende Funktionen: Sie ermöglichen gerechte Verteilung, die Befriedigung von Bedürfnissen und ein Recht auf ein „gutes Leben" für gegenwärtige und zukünftige Generationen.

Wird die Circular Economy doch, wie im vorangehenden Kapitel kritisiert, vor allem technologisch und weiterhin als materiell-ökonomisches Wachstumsmodell gedacht, bleibt der Gedanke, dass Wirtschaften vor allem dem Menschen – und zwar allen – dient, außen vor. Wie kann nun eine sozial-ökologische Circular Economy aussehen bzw. wie kann der Ansatz der Circular Economy eine „Große Transformation zur Nachhaltigkeit" unterstützen und befeuern? Im Folgenden soll diese Frage mit der Skizzierung einer „Circular Society" beantwortet werden, bei der Veränderungen der wirtschaftlichen Produkt- und Materialflüsse durch zirkuläre Produktions- und Geschäftsmodelle von einem sozio-kulturellen Wandel flankiert werden. Dabei werden insbesondere vier Dimensionen vorgestellt, in der sich die „Kreislaufgesellschaft" entfalten kann. Es werden empirische Beispiele innovativer Praktiken des Konsumierens und Produzierens, wie suffiziente Lebensstile, gemeinschaftlich organisierter Konsum demokratisch-partizipatorische Wertschöpfungsprozessen, vorgestellt, die bereits implizit oder explizit dem Leitbild einer Circular Society folgen.

4.2 Elemente und Szenarien einer Circular Society

Die folgende Skizze der Circular Society greift einige der ursprünglichen Ideen der Circular Economy-Debatte auf, die eine Einbettung menschlicher Praktiken des Wirtschaftens, Produzierens und Konsumierens in biologische Stoffkreisläufe (Biosphäre) sowie eine Verlangsamung und Schließung technischer Stoffkreisläufe (Technosphäre) vorsehen und verbindet diese mit der Soziosphäre. Dabei steht einerseits die Frage im Vordergrund, wie wirtschaftliches Handeln wieder konsequent und ausschließlich dem gesellschaftlichen Wohl dienen kann und wie sich kreislaufwirtschaftliche Strategien, Modelle und Methoden mit dem menschlichen Streben nach Sinn, Gemeinschaft, Wirksamkeit und Lebensqualität verbinden lassen. Andererseits geht es um die Frage, wie sich Gesellschaft „zirkularisieren" lässt, das heißt, was die Gesellschaft aus den grundlegenden Prinzipien der Circular Economy lernen kann. Der Begriff Soziosphäre bezeichnet dabei zunächst ganz allgemein alle menschlichen Lebensbereiche und die darin vorzufindenden kulturellen Praktiken und sozialen Beziehungen. Er wird unter anderem in der geographischen Forschung genutzt, um den Bereich des menschlichen Handelns als kulturbedingte Erdsphäre von eher natürlichen Sphären, wie der Lithosphäre (der steinernen Hülle des Erdkörpers) zu unterscheiden. Wir verwenden den Begriff hier nicht nur in diesem deskriptiven Sinne (Markierung des Bereichs sozio-kulturellen Handelns), sondern auch um einige normative, das heißt an einem bestimmten Wert oder Ziel ausgerichtete Aspekte zu betonen. Dabei dienen die vorgestellten Modelle der Donut-Ökonomie und des normativen Kompass als Orientierung, um die Circular Society anhand einiger grundlegender Prinzipien zu charakterisieren:

ABB. 9:

PARALLELEN ZWISCHEN CIRCULAR SOCIETY UND DEN DIMENSIONEN DES NORMATIVEN KOMPASSES SOWIE DEN DENKANSÄTZEN DER DONUT-ÖKONOMIE

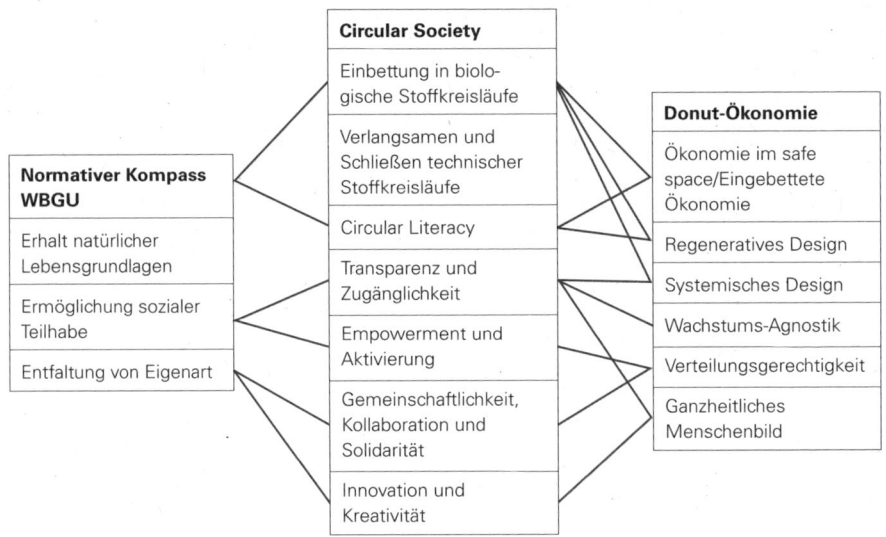

Quelle: WBGU 2016 sowie Raworth 2018,
Zusammenfassung durch Autor*in als eigene Darstellung

Während die grundlegenden Gestaltungsprinzipien der Bio- und Technosphäre in Kapitel 3 erörtert wurden, soll im Folgenden kurz auf die Aspekte der Soziosphäre eingegangen werden. Diese haben noch skizzenhaften Charakter und lassen sich als Inspirationen verstehen. Abbildung 10 führt einige Fallbeispiele auf, die sich aktuell als konkrete Umsetzungen der Circular Society bezeichnen lassen.

Circular Literacy
… bezeichnet die Fähigkeit, natürliche Kreisläufe und Stoffströme zu verstehen und zu respektieren. Dazu gehört ganzheitliches, systemisches Denken und das Vermögen, Komplexität zu durchdringen und damit umzugehen. Circular Literacy bildet gewissermaßen die Brücke zwischen Mensch und Natur: Sie bildet die Basis für die Einbettung menschlichen Handelns in die Biosphäre und die kreislaufförmige Gestaltung der Technosphäre. Ferner werden auch gesellschaftliche und psychische Systeme als komplexe Gebilde wahrgenommen, die in vielfacher Weise mit biologischen und technischen Systemen interagieren.

Zugänglichkeit und Transparenz
… werden als zentrale Voraussetzungen gesehen, dass eine Teilhabe an gesellschaftlicher und wirtschaftlicher Entwicklung möglich ist. Dazu gehören sowohl der Zugang zu natürlichen Ressourcen und Land bzw. Wohnraum, als auch zu Angeboten und Infrastrukturen der Bildung, Gesundheit, des Konsums und der Produktion. Wissen steht barrierefrei zur Verfügung und kann geteilt werden, politisches und wirtschaftliches Handeln unterliegt der Pflicht der Transparenz. Beispiele dafür sind die Open Source-, Open Design- und Open Knowledge-Bewegung oder Organisationen wie Transparancy International.

Demokratisierung und Empowerment
… bauen hierauf und schaffen konkrete Teilhabemöglichkeiten, indem die Konsum- und Produktionssysteme weitestgehend demokratisiert und mit Strategien zur Aktivierung und zum Empowerment (Emanzipation) gekoppelt werden. Es gibt Mitgestaltungsmöglichkeiten und Mitbestimmungsrechte an politischen, wirtschaftlichen und kulturellen Prozessen, die an keine sozio-ökonomischen oder bildungsbezogenen Voraussetzungen gekoppelt sind. Beispiele sind Formate wie Co-Creation, Citizen Science, partizipative Stadtentwicklung und Liquid Democracy.

Gemeinschaftlichkeit, Kollaboration und Solidarität
… finden aufgrund der erweiterten Teilhabemöglichkeiten einen Raum für ihre Entfaltung. Hier geht es im Kern um das aktive Handeln des „empowerten" Menschen bzw. befähigter Gemeinschaften. Natur und Kultur werden als „Commons", das heißt als Gemeingut auch entsprechend gemeinsam verwaltet, und es wird gleichberechtigt ausgehandelt, welches wirtschaftliche, politische oder kulturelle Handeln vor dem Hintergrund intra- und intergenerationaler Gerechtigkeit als adäquat angesehen werden kann. Dabei spielen Kommunikation und Miteinander statt Gegeneinander Handeln, soziales Vertrauen und Reziprozität (Wechselseitigkeit) eine zentrale Rolle. Beispiel sind die Commons-Bewegung oder die kollaborative Ökonomie sowie die Solidarische Landwirtschaft.

Innovativität und Kreativität
… können auf dieser Basis besonders gut gedeihen. Es existieren Frei- und Experimentierräume, um ein Ausprobieren verschiedener, lokaler Lösungen für Nachhaltigkeitsherausforderungen zu ermöglichen und die Entstehung politischer, wirtschaftlicher und kultureller Innovationen zu fördern. Die Gestaltungsräume ermöglichen es den Menschen, Selbstwirksamkeit zu erfahren und damit die Fähigkeit

zu erhöhen, neuen Herausforderungen proaktiv begegnen zu können. Beispiele aus der aktuellen Nachhaltigkeitsforschung sind die so genannten Reallabore, aber auch Initiativen zum Zeitwohlstand oder zum bedingungslosen Grundeinkommen. Andere Fallbeispiele für experimentelles Handeln sind Maker oder Hacker Spaces.

Die fünf Elemente sind vielfach miteinander verwoben, wobei Circular Literary, Transparenz und Aktivierung als Voraussetzungen für Gemeinschaftlichkeit und Innovativität gesehen werden kann, die durch die vielfältigen Aktivitäten aber gleichzeitig auch wieder verstärkt werden. Sie schaffen die Bedingungen, überhaupt an den transparenten und demokratischen Wirtschafts- und Materialkreisläufen teilzuhaben und fördern Formen der proaktiven Beteiligung und Mitgestaltung von Produktions- und Konsumsystemen beispielsweise im Rahmen von Prosuming, genossenschaftlicher Initiativen oder Eigenproduktion.

Die folgende Abbildung zeigt zwei Praxisbeispiele für potentielle Praktiken und Gemeinschaften der Circular Society. Diese zeigen, wie die Elemente in der Praxis zusammenspielen und wie Zugänglichkeit und Transparenz einen fruchtbaren Boden für gemeinschaftliches und kreatives wirtschaftliches Handeln schaffen.

ABB. 10:
PRAXISBEISPIELE DER CIRCULAR SOCIETY

Praxisbeispiel: Open Source-Bewegung
Eine Operationalisierung von Transparenz und Zugänglichkeit kann in Standards und Praktiken des Austauschs und der Offenheit von Daten für Produktionsprozesse und Wertschöpfungskreisläufe münden. Die Offenlegung von Konstruktionszeichnungen, Reparaturanleitungen und das Bereitstellen von Bauteilen können die Fähigkeiten von Konsument*innen erhöhen, Geräte in Eigenarbeit herzustellen, zu modulieren oder zu reparieren (Empowerment). Offene Innovationsprozesse ermöglichen es Unternehmen mit unterschiedlichen Stakeholdern gemeinschaftlich Produkte zu entwickeln, die den Anforderungen der beteiligten Akteure entsprechen (z.B. Funktionalität, Design, Reparierbarkeit, Kollaboration). Eine Plattform, auf der diese Ansätze diskutiert und weiterentwickelt werden, sind die „Open Source Circular Economy Days (OSCE-Days)". Die Protagonisten der Plattform betrachten Open Source als zentrale Voraussetzung für eine vielfältige und auf Kollaboration basierende kreislauforientierte Ökonomie. Dafür werden auf den „OSCE-Days" Initiativen, Nachhaltigkeitsexpert*innen, Unternehmen etc. online und offline in unterschiedlichen Städten zusammengebracht, um die Möglichkeiten zu diskutieren und zu explorieren, die sich durch diesen Ansatz der Gemeinschaftlichkeit ergeben. Konkrete Produkte reichen von Möbeln über Elektronik bis zu elektrisch betriebenen Automobilen (Innovativität und Kreativität).

Praxisbeispiel: Lifehacks und Otelo

Die Idee des „Lifehacks" besteht darin, Dinge des alltäglichen Lebens zu verändern, zu ergänzen oder anders zu verwenden als ursprünglich vorgesehen. Ein Beispiel hierfür ist die Web-Plattform „IKEAhackers", auf der Anleitungen verfügbar sind, die veranschaulichen, wie IKEA Möbel kreativ kombiniert oder umgebaut werden können, um somit neue Anwendungen für diese zu finden (Zugänglichkeit und Transparenz / Innovativität und Kreativität). Orte, an denen Prosument*innen „Produkte" aufgrund des Zugangs zu entsprechenden Produktionsmitteln (weiter-)entwickeln und produzieren können, sind offene Werkstätten, Makerspaces oder Fab-Labs. An diese wird oft die Hoffnung bzw. der Anspruch herangetragen, dass sie neben Teilhabe an Produktionsprozessen und Produktionsmitteln ebenfalls zur Idee der Dezentralisierung hinzu agilen und nachhaltigen Produktionssystemen sowie zur Erprobung suffizienter Lebensstile beitragen (Simons et al. 2016). Diesen Ansatz verfolgt das österreichische Otelo-Netzwerk (Offene Technologielabore). Hier geht es darum, abseits der urbanen Ballungszentren geschützte Entwicklungs- und Experimentierräume für experimentelles und gemeinsames Schaffen sogenannte „Nodes" zu ermöglichen, indem kostenlose Basisinfrastruktur (z.B. Räume) von der Gemeinde bereitgestellt werden, die in einem selbstorganisierten ehrenamtlichen „bottom-up"-Ansatz mit Leben und Aktivitäten gefüllt werden (Demokratisierung, Aktivierung und Empowerment).

Quelle: Eigene Darstellung

4.3
Fazit

Das vorliegende Heft der Schriftenreihe Nachhaltigkeit hatte zum Ziel, die Circular Economy als möglichen Ausweg aus der sozial-ökologischen Krise darzustellen. Dabei sollte deutlich werden, dass das Prinzip der Linearität beim Naturverbrauch so tief in den Wirtschaftsstrukturen und Lebensstilen der Industriegesellschaften verwurzelt ist, dass eine reine Einführung neuer Geschäftsmodelle oder die Veränderung von Konsumentscheidungen die sozial-ökologische Krise nicht lösen wird. Die Transformation zu einer Circular Society ist daher keine bloße Frage neuer Geschäftsmodelle oder Konsumentscheidungen, sondern bedarf einer fundamentalen Neuausrichtung von Praktiken und Prozessen in allen Lebens- und Gesellschaftsbereichen – von der Ernährung, über Mobilität, Energienutzung bis hin zu Arbeitsmodellen und Wohnkonzepten. Es existieren zwar viele gute Ideen, Beispiele und eine Reihe politischer, wirtschaftlicher und zivilgesellschaftliche Akteure, die ein zirkuläres Denken und Handeln vorantreiben. Dennoch bleibt die Ideologie der Linearität, des immerwährenden wirtschaftlichen als auch des individuellen Fortschritts und Wachstums das zentrale gesellschaftliche, wirtschaftliche und politische Mantra.

Die Idee – oder auch Utopie – Circular Society hat zum Ziel, ein partizipatives, gemeinschaftlich-solidarisches und zirkuläres Konsum-

und Produktionssystem zu etablieren, das jedoch nicht nur den Materialverbrauch und die damit einhergehenden Emissionen drastisch reduzieren kann, sondern für viele Bürger*innen in den Industrienationen auch einen großen materiellen Verlust bedeuten kann: An Komfort, Status durch materiellen Besitz sowie an den heutzutage schier unendlich erscheinenden Konsumoptionen. Sie bedeutet ebenfalls einen beträchtlichen Machtverlust von denjenigen, die von den heutigen linearen Wirtschaftsstrukturen übermäßig profitieren, während andere, bisherige Nischen-Akteure, eher an Bedeutung gewinnen, wie beispielsweise genossenschaftlich organisierte Initiativen zur Eigenproduktion, zirkuläre Unternehmen und Nutzungsgemeinschaften.

„Denn Gesellschaftsentwicklung ... bedeutet immer eine Veränderung im Charakter und in der Beziehung der von verschiedenen Menschengruppen jeweils besetzten gesellschaftlichen Positionen. Sie bedeutet immer und ganz unausweichlich, dass bestimmte gesellschaftliche Positionen oder Personengruppen im Zuge der Entwicklung ihre Funktion innerhalb eines Funktionszusammenhangs zum Teil oder völlig einbüßen, während die Funktionen älterer Positionen oft genug auch ganz neue Positionsgruppen mit neuen Funktionen im Ganzen der Gesellschaft an Bedeutung gewinnen" (Elias 1996, S. 192 f., zitiert nach Sommer & Welzer 2014).

Serviceteil
5

GLOSSAR

After-Sales-Services

Bei After-Sales-Services handelt es sich um Dienstleistungen, die in Verbindung mit einem Produkt angeboten werden. Der Schwerpunkt der Kundendienstleistungen mit den typischen Beispielen Lieferung, Montage, Anwenderschulung, Wartung und Reparaturleistungen liegt nach dem Kauf. Der Service hat erhebliche Bedeutung im Zusammenhang mit der Entstehung und Festigung von Bindungen zwischen Nutzer*innen bzw. Konsument*innen und Unternehmen (Kuß & Kleinaltenkamp 2016).

Commoning

Commoning basiert auf soziale, selbstorganisierte Prozesse und Praktiken, in und mit denen gemeinsamer Wert in Form von Wissen, physische Produkte, Nahrung, etc. hervorgeht. Commoning wird oftmals außerhalb von marktwirtschaftlichen Logiken und Prozessen verortet (Helfrich & Bollier 2012).

Hackerspace

Als Hackerspace werden offene Räume bezeichnet, in denen sich Hacker sowie an digitalen Medien, Wissenschaft und Technologie Interessierte treffen und austauschen können und auch gemeinsame Ideen und Projekte entwickeln. Es kann sich dabei auch um gemeinsam genutzte Arbeitsräume handeln. Transparenz, Offenheit (Open Knowledge) und der Wunsch nach Beteiligung an der digitalen Entwicklung sind dabei wichtige Merkmale.

FabLabs

FabLab steht für Fabrication Laboratories und beschreibt das Prinzip der offenen Werkstätten mit dem Fokus auf digitale Produktion und Wissenstransfer. FabLabs sollen Orte der Innovation und Erfindung, des selbstständigen Lernens und Experimentierens sein vor dem Hintergrund, erhaltenes Wissen und aufgebaute Kompetenzen innerhalb eines Netzwerks zu teilen bzw. bereitzustellen. Das Hauptmotiv ist der Gedanke des offenen Zugangs zu Technologie, um somit u.a. technologische Erfindungen (Inventionen) zu demokratisieren (Simons et al. 2016).

Liquid Democracy

Liquid Democracy ist ein Konzept und eine Vorgehensweise, um direkte Mitbestimmung und Beteiligung zu vermitteln, über digitale Medien zu fördern. Partizipation soll somit unabhängig von Standort und Zeitpunkt ermöglicht werden (siehe auch liqd.net).

Makerspaces

Makerspaces ist ein Sammelbegriff für unterschiedliche Formen offener Werkstätten. Hierzu zählen Einrichtungen wie FabLabs (siehe oben) oder TechShops. Die allgemeine Zielsetzung besteht darin, Selbstbestimmung und -ermächtigung von Menschen zu fördern und damit die Resilienzfähigkeit von Gemeinschaften und Regionen zu erhöhen. Makerspaces fokussieren die Bereitstellung von technischer Infrastruktur für die breite Öffentlichkeit (Simons et al. 2016).

Open Source

Der Ursprung des Begriffs ist in der Open Software Debatte zu verorten, wobei sich der Begriff inzwischen auf „Hardware" verschiedenartigster Formen übertragen hat (Simons et al. 2016). Open Source meint die freie Verfügbarkeit und Zugänglichkeit von bzw. zu Software-Quellcodes, Konstruktionszeichnungen von Produkten, Herstellungsverfahren, Bauplänen etc. Hinter den meisten Open Source-Ansätzen stehen nicht-kommerzielle Ansichten sowie die Förderung von Transparenz, Kollaboration und Gemeinschaftlichkeit, sodass Open Source-Software und -Hardware unentgeltlich genutzt, an die eigenen Bedürfnisse adaptiert und verändert werden kann. Viel rezitierte Beispiele für Open Source-Projekte sind u.a. Linux oder Wikipedia.

Open Design

Open Design umfasst die Entwicklung physischer Produkte, Maschinen und Systeme unter der Verwendung öffentlich zugänglicher Design- und Konstruktionsinformationen. Open Design ist eine von mehreren „Open"-Ansätzen (darunter können Ansätze wie Open Knowledge, Open Innovation, Open Content, Open Publishing subsumiert werden), wobei der Ausgangspunkt auf die Open Source-Bewegung oder den -Begriff zurückgeführt werden kann.

Open Knowledge

Unter diesem Schlagwort fordern Akteure wie die Open Knowledge-Foundation (okfn.de) die konsequente Umsetzung des Bürgerrechts auf freien Zugang zu Informationen und Dokumenten, zum Beispiel von Behörden. Wissenschaft, Wirtschaft und Politik sollen verpflichtet werden, die von ihnen gesammelten Daten zugänglich zu machen, Bürger*innen soll erlaubt sein, Wissen zu teilen und zu verbreiten.

Prosuming

Unter dem Begriff wird generell verstanden, dass Konsument*innen sich am Produktionsprozess beteiligen, indem sie beispielsweise beim Design mitwirken, Feedback geben oder Konzepte bewerten. Damit werden sie von passiv Konsumierenden zu Prosument*innen und die Produkte sind möglicherweise besser an die Konsumbedürfnisse angepasst. Damit werden „Erzeugnisse nicht oder nicht mehr für den Austausch auf dem Markt hergestellt [...] ('production for exchange'), sondern [...] die Erzeugung von Produkten [zielt] unmittelbar auf den Gebrauch ('production for use')" (Hanekop & Wittke 2010, S. 96).

Sharing

Der Sharingbegriff unterliegt gegenwärtig verschiedenen Deutungen und Interpretationen. Das dieser Arbeit zugrundeliegende Verständnis von Sharing wird als eine Form des gemeinschaftsbasierten Konsum gedacht, das heißt das Teilen von Gütern und Dienstleistungen oder die gemeinsame Nutzung von Flächen und Gebrauchsgegenständen.

Transparency International

Transparency International e.V. ist eine 1993 gegründete internationale Nichtregierungsorganisation mit Sitz in Berlin. Der Verein hat die weltweite Bekämpfung von Korruption zum Ziel. Eine zentrale Tätigkeit ist die Beobachtung der Korruptionsrate in verschiedenen Ländern und die Darstellung der Ergebnisse in Form von Indizes, wie dem Korruptionswahrnehmungsindex CPI, der auf Basis von Bevölkerungsumfragen ermittelt wird.

LITERATURVERZEICHNIS

Amnesty International, 2016. „This is what we die for": Human rights abuses in the Democratic Republic of the Congo power the global trade in cobald. Verfügbar unter: https://www.amnesty.org/download/Documents/AFR6231832016ENGLISH.PDF

Antikainen, M., Aminoff, A., Kettunen, O., Sundqvist-Andberg, H., Paloheimo, H., 2017. Circular Economy business model innovation process-case study. International Conference on Sustainable Design and Manufacturing 2017, 546-555. http://dx.doi.org/10.1007/978-3-319-57078-5_52

Bakker, C., den Hollander, M., van Hinte, E., Zijlstra, Y., 2014. Products that last: product design for circular business models, TU Delft, Delft.

Beck, U. 1996. Reflexive Modernisierung. Eine Kontroverse, Suhrkamp Verlag, Berlin.

Benyus, J., 2002. Biomimicry: Innovation Inspired by Design, Harper Perennial, New York.

BMUB (Bundesministerium für Umwelt, Naturschutz und nukleare Sicherheit), 2016. Deutsches Ressourceneffizienzprogramm II: Programm zur nachhaltigen Nutzung und zum Schutz der natürlichen Ressourcen. Verfügbar unter: http://www.bmu.de/fileadmin/Daten_BMU/Pools/Broschueren/progress_ii_broschuere_bf.pdf

Bocken, N.M.P., Bakker, C., Pauw, I. D., 2016. Product design and business model strategies for a circular economy. J. Ind. Prod. Eng. 33, 308-320 https://doi.org/10.1080/21681015.2016.1172124

Bocken, N. M. P., Schuit, C. S. C., Kraaijenhagen, C., 2018. Experimenting with a circular business model: Lessons from eight cases. Envir. Inno. A. Soc. Trans. Artikel im erscheinen. https://doi.org/10.1016/j.eist.2018.02.001

Boulding, K. E., 1966. The Economics of the Coming Spaceship Earth, in: Jarrett, H. (Hrsg.), Environmental Quality in a Growing Economy. MD: Resources for the Future/Johns Hopkins University Press, Baltimore, 3-14.

Brand, U., Wissen, M., 2017. Imperiale Lebensweisen, Oekom Verlag, München.

Braungart, M., McDonough, W., 2014. Cradle to Cradle: Einfach intelligent produzieren, Piper Verlag, München.

Bressanelli, G., Adrodegari, F., Perona, M., Saccani, N., 2018. Exploring How Usage-Focused Business Models Enable Circular Economy through Digital Technologies. Sustain. 10, 639, 1-21. doi:10.3390/su10030639

Dunn, Margery G. 1993. Exploring Your World: The Adventure of Geography. Washington, D.C.: National Geographic Society.

Ellen MacArthur Foundation, 2014. Towards the Circular Economy: Economic and Business Rationale for an Accelerated Transition, Vol. 1. Verfügbar unter: https://ellenmacarthurfoundation.org/assets/downloads/publications/Ellen-MacArthur-Foundation-Towards-the-Circular-Economy-vol.1.pdf

Ellen MacArthur Foundation, 2015. Towards a circular economy: Business rationale for an accelerated transition, Cowes.

European Commission, 2016. Closing the loop: New circular economy package, Brüssel.

Eurostat 2014. Waste generation by economic activities and household. Online-Quelle. http://ec.europa.eu/eurostat/statistics-explained/index.php/File:Waste_generation_by_economic_activities_and_households,_2014-1.png

Florin, N., Madden, B., Sharpe, S., Benn, S., Agarwal, R., Perey, R., Giurco D., 2015. Shifting Business Models for a Circular Economy: Metals Management for Multi-Product-Use Cycles. Verfügbar unter: http://wealthfromwaste.net/wp-content/uploads/2015/11/P3-FINAL-SHIFTING-BUSINESS-MODELS-FOR-CE-ONLINE.pdf

Franco, M., 2017. Circular economy at the micro level: A dynamic view of incumbents' struggles and challenges in the textile industry. J. Clean. Prod. 168, 833-845. http://dx.doi.org/10.1016/j.jclepro.2017.09.056

Geissdoerfer, M., et al., 2017. The circular economy – a new sustainability paradigm. J. Clean. Prod. 143, 757–768. https://doi.org/10.1016/j.jclepro.2016.12.048

Ghisellini, P., Cialani, C., Ulgiati, S., 2016. A review on circular economy: the expected transition to a balanced interplay of environmental and economic systems. J. Clean. Prod. 114, 11–32. https://doi.org/10.1016/j.jclepro.2015.09.007

Graedel, T.E., Allenby, B.R., 1995. Industrial Ecology, first ed. Prentice Hall, Englewood Cliffs, N.J.

Gudynas, E., 2012. Is doughnut economics too Western? Critique from a Latin American environmentalist. Verfügbar unter: https://policy-practice.oxfam.org.uk/blog/2012/02/is-doughnut-economics-too-western

Hanekop, H., Wittke, V., 2010. Kollaboration der Prosumenten: Die vernachlässigte Dimension des Prosuming-Konzepts, in Blättel-Mink, B., Hellmann, K.-U. (Hrsg.): Prosumer Revisited: Zur Aktualität einer Debatte, VS Verlag für Sozialwissenschaften, Wiesbaden.

Helfrich, S., Bollier, D., 2012., Commons als transformative Kraft. Zur Einführung, in Helfrich, S., Heinrich-Böll-Stiftung (Hrsg.) (2012): Commons: Für eine neue Politik jenseits von Markt und Staat, transcript Verlag, Bielefeld.

Hobson, K., Lynch, N., 2016. Diversifying and de-growing the circular economy: Radical social transformation in a resource-scarce world. Futures 82, 15-25.

Hofmann, F., 2017. Wertschöpfung in Kreisläufen: Das Gestalten von nachhaltigkeitsorientierten Geschäftsmodellen im kreislaufwirtschaftlichen Kontext, Masterarbeit, Leuphana Universität Lüneburg & Fraunhofer IZM (Institut für Zuverlässigkeit und Mikrointegration), Lüneburg & Berlin.

Hofmann, F., Zwiers, J., Jaeger-Erben, M., Marwede, M., 2018. Circular Economy als Gegenstand einer sozial ökologischen Transformation?, in Rogall, H., et al. (Hrsg.) (2018): Nachhaltige Ökonomie – Zukunft des nachhaltigen Wirtschaftens in der digitalen Welt, Metropolis Verlag, Marburg.

Hoornweg, D.; Bhada-Tata, P.; Kennedy, C. 2013: Environment. Waste production must peak this century. In Nature 502 (7473),

615–617. DOI: 10.1038/502615a. http://www.nature.com/news/environment-waste-production-must-peak-this-century-1.14032

Hütz-Adams, F., 2012. Von der Mine bis zum Konsumenten: Die Wertschöpfungskette von Mobiltelefonen, Südwind Verlag, Siegburg.

ISDRI (Institute for Sustainable Development and International Relations), SDSN (Sustainable Development Solutions Network), 2015. Pathways to deep decarbonization. Verfügbar unter: http://deepdecarbonization.org/wp-content/uploads/2016/03/DDPP_2015_REPORT.pdf

Jaeger-Erben, M., Hipp, T., 2017. Letzter Schrei oder langer Atem? Erste Ergebnisse einer repräsentativen Online-Befragung zur Produkthaltbarkeit, OHA-Texte 2017/1, Berlin. Verfügbar unter: http://challenge obsolescence.info/wp-content/uploads/2017/12/nachwuchsgruppe-oha_kurzdarstellunge-online-umfrage_2017a_fin.pdf

Johnson, M. W., Christensen, C. M., Kagermann, H., 2008. Reinventing your business model. Harv. Bus. Rev. 86, 50-59. Verfügbar unter: https://hbr.org/2008/12/reinventing-your-business-model

Kollman, K., 2016. Eine Klarstellung zu „Sharing Economy", in Rogall, H., et al. (Hrsg.) (2016): Nachhaltige Ökonomie – Ressourcenwende, Metropolis Verlag, Marburg.

Kuß, A., Kleinalpenkamp, M., 2016. Marketing-Einführung – Grundlagen – Überblick – Beispiele, Springer Gabler Verlag, Wiesbaden.

Lacy, P., Rutqvist, J., 2015. Waste to wealth, Palgrave and Macmillan, Basingstoke, Hampshire.

Leach, M. A., Raworth, K. & Rockström, J. (2013). Between social and planetary boundaries: Navigating pathways in the safe and just space for humanity. In International Social Science Council (ISSC) & United Nations Educational, Scientific and Cultural Organization (UNESCO) (Hrsg.), World Social Science Report 2013. Changing Global Environements (S. 84-89). Paris: OECD Publishing and UNESCO Publishing.

Lessenich, S., 2016. Neben uns die Sintflut: Die Externalisierungsgesellschaft und ihr Preis, Carl Hanser Verlag, Berlin.

Lewandowski, M., 2016. Designing the business models for circular economy towards the conceptual framework. Sustain. 8, 43, 1-28. https://doi.org/10.3390/su8010043

Linder, M., Williander, M., 2015. Circular Business Model Innovation: Inherent Uncertainties. Bus. Strategy Environ. 26, 182–196. DOI: 10.1002/bse.1906

Lovins, A.B., Lovins, L.H., Hawken, P., 1999. Natural Capitalism: The Next Industrial Revolution, Earthscan, London.

Lüdeke-Freund, F., Gold, S., Bocken, N.M.P., 2018. A Review and Typology of Circular Economy Business Model Patterns. J. Indu. Ecol. Artikel im Erscheinen. https://doi.org/10.1111/jiec.12763

Manninen, K., Koskela, S., Antikainen, R., Bocken, N. M. P., Dahlbo, H., Aminoff, A., 2018. Do circular economy business models capture intended environmental value propositions? J. Clean. Prod. 171, 413-422.

Massa, L., Tucci, C.L., Afuah, A., 2017. A critical assessment of business model research. Aca. Manage. Ann. 11, 73-104. https://doi.org/10.5465/annals.2014.0072

McDonough, W., Braungart, M., 2002. Cradle to Cradle: Remaking the Way We Make Things, North Point Press, New York.

Merli, R., Preziosi, M., Acampora, A., 2018. How do scholars approach the circular economy? A systematic literature review. J. Clean. Prod. 178, 703-722. https://doi.org/10.1016/j.jclepro.2017.12.112

Michelini, G., Moraes, R. N., Cunha, R. N., Costa, J. M. H., Ometto, A. R., 2017. From linear to circular econ-omy: PSS conducting the transition. The 9th CIRP IPSS Conference: Circular Perspectives on Product/Service-Systems 2017, 2–6.

Murray, A., Skene, K., Haynes, K., 2017. The circular economy: an interdisciplinary exploration of the concept and application in a global context. J. Bus. Ethics 140 (3), 369–380. https://link.springer.com/article/10.1007%2Fs10551-015-2693-2

Nußholz, J.L.K., 2017. Circular Business Models: Defining a Concept and Framing an Emerging Research Field. Sustain. 9, 1810, 1-16. https://doi.org/10.3390/su9101810

O'Neill, D. W., Fanning, A. L., Lamb, W. F., Steinberger, J. K., 2018. A good life for all within planetary boundaries. Nature susta-inability 1, 88-95. https://doi.org/10.1038/s41893-018-0021-4

Ortega, E. & Ulgiati, S. 2004: Proceedings of IV Biennial International Workshop "Advances in Energy Studies". Unicamp, Campinas, SP, Brazil. June 16-19, 2004. 159–174.

Osterwalder, A., Pigneur, Y., 2010. Business model generation, Hoboken, NJ Wiley.

Oxfam International, 2018. Reward Work, Not Wealth: To end the inequality crisis, we must build an economy for ordinary working people, not the rich and powerful. Verfügbar unter: https://www.oxfam.de/system/files/bericht_englisch_-_reward_work_not_wealth.pdf

Oxfam International, 2015. Africa: Rising for the few. Verfügbar unter: https://www.oxfam.org/sites/www.oxfam.org/files/world_economic_forum_wef.africa_rising_for_the_few.pdfd

Pauli, G.A., 2010. The Blue Economy: 10 Years, 100 Innovations, 100 Million Jobs, Paradigm Publications, Taos NM.

Pearce, D.W., Turner, R.K., 1989. Economics of Natural Resources and the Environment, John Hopkis Univerity Press, Balt. https://doi.org/10.2307/1242904

Polanyi, K., 1978. The Great Transformation: Politische und ökonomische Ursprünge von Gesellschaft und Wirtschaftssystemen, Suhrkamp Verlag, Berlin.

Raworth, K., 2018. Die Donut-Ökonomie: Endlich ein Wirtschaftsmodell, das den Planeten nicht zerstört, Carl Hanser Verlag, München.

Raworth, K., 2017, Meet the doughnut: the new economic model that could help end inequality. Verfügbar unter: https://www.weforum.org/agenda/2017/04/the-new-economic-model-that-could-end-inequality-doughnut/

Raworth, K., 2012. A safe and just space for humanity: Can we live within the doughnut? Oxfam Discussion Papers. Verfügbar unter: https://www.oxfam.org/sites/www.oxfam.org/files/dp-a-safe-and-just-space-for-humanity-130212-en.pdf

Reichel, A., 2015. What´s Next? Wirtschaften jenseits des Wachstums. In: Horx, M. (Eds.), Zukunftsreport, Zukunftsinstitut, Frankfurt am Main, 110–135.

Rizos, V., Tuokko, K., Behrens, A., 2017. The Circular Economy: A review of definitions, processes and impacts. Verfügbar unter: https://www.ceps.eu/publications/circular-economy-review-definitions-processes-and-impacts

Rockstrom, J., W. Steffen, K. Noone, A. Persson, F. S. Chapin, III, E. Lambin, T. M. Lenton, M. Scheffer, C. Folke, H. Schellnhuber, B. Nykvist, C. A. De Wit, T. Hughes, S. van der Leeuw, H. Rodhe, S. Sorlin, P. K. Snyder, R. Costanza, U. Svedin, M. Falkenmark, L. Karlberg, R. W. Corell, V. J. Fabry, J. Hansen, B. Walker, D. Liverman, K. Richardson, P. Crutzen, and J. Foley., 2009. Planetary boundaries: exploring the safe operating space for humanity. Ecology and Society 14(2): 32. Verfügbar unter: https://ced.agro.uba.ar/gran-chaco/sites/default/files/pdf/sem6/Rockstorm%20et%20al%202009.pdf

Rubel, H., Schmidt, M., Meyer zum Felde, A., Mendiluce, M., Brown, A., Edgerton, B., Tylor, J., 2018. The new big circle: Achieving growth and business model innovation through circular economy implementation. Verfügbar unter: http://docs.wbcsd.org/2018/01/The_new_big_circle.pdf

Schubert, R., Messner, D., Blasch, J., 2011. About Ship! Why We Need a "Great Transformation". GAIA – Ecol. Persp. F. Sci. a. Soc. 20, 243-245. https://doi.org/10.14512/gaia.20.4.7

Simons, A., Petschow, U., Peuckert, J., 2016. Offene Werkstätten – nachhaltig innovativ? Potenziale gemeinsamen Arbeitens und Produzierens in der gesellschaftlichen Transformation, IÖW, Berlin.

Sommer, B., Welzer, H., 2014. Transformationsdesign – Wege in eine zukunftsfähige Modern. Oekom Verlag, München.

Stahel, W.R., Reday-Mulvey, G., 1981. Jobs for tomorrow: the potential for substituting manpower for energy, first ed.Vantage Press, New York.

Stahel, W.R., 2010. The Performance Economy, second ed. Palgrave-MacMillan, London.

Stal, H. I., Corvellec, H., 2018. A decoupling perspective on circular business model implementation: Illustrations from Swedish apparel. J. Clean. Prod. 171, 630-643. https://doi.org/10.1016/j.jclepro.2017.09.249

Steffen, W. Richardson, K., Rockström, J., Cornell, S. E., Fetzer, I., Bennett, E. M. et al. (2015). Sustainability. Planetary boundaries: guiding human development on a changing planet. Science, 347 (6223).

Su, B., Heshmati, A., Geng, Y., Yu, X., 2013. A review of the circular economy in China: moving from rhetoric to implementation. J. Clean. Prod. 42, 215-227. https://doi.org/10.1016/j.jclepro.2012.11.020

UBA (Umweltbundesamt), 2015. Stärkung eines nachhaltigen Konsums im Bereich Produktnutzung durch Anpassung im Zivil- und öffentlichen Recht, Umweltbundesamt, Dessau-Roßlau.

UNEP 2016. Global Material Flows and Resource Productivity. An Assessment Study of the UNEP International Resource Panel. UNEP.

UNEP 2013 Environmental Risks and Challenges of Anthropogenic Metals Flows and Cycles, A Report of the Working Group on the Global Metal Flows to the International Resource Panel. UNEP.

UNEP 2010 Assessing the Environmental Impacts of Consumption and Production: Priority Products and Materials. UNEP.

Von Hauff, M., 2015. Wachstum: Die Kontroverse um nachhaltiges Wachstum, Hessische Landeszentrale für politische Bildung, Wiesbaden.

WBGU, 2011. Welt im Wandel: Gesellschaftsvertrag für eine Große Transformation; [Hauptgutachten]. Verfügbar unter: https://www.wbgu.de/fileadmin/user_upload/wbgu.de/templates/dateien/veroeffentlichungen/hauptgutachten/jg2011/wbgu_jg2011.pdf

WBGU 2016. Entwicklung und Gerechtigkeit durch Transformation: Die vier großen I; [Sondergutachten]. Verfügbar unter: https://www.wbgu.de/fileadmin/user_upload/wbgu.de/templates/dateien/veroeffentlichungen/sondergutachten/sg2016/wbgu_sg2016.pdf

WEC/World Economic Forum, 2015. Sustainability and the CFO: Challenges, Opportunities, and Next Practices. Verfügbar unter: https://3blmedia.com/News/Leading-CFOs-Reveal-Sustainability-Related-Risks-and-Opportunities-New-Corporate-Eco-Forum-and

WEF (World Economic Forum), 2014. Towards the Circular Economy: Accelerating the scale-up across global supply chains, Genf.

Whalen, A., Milios, L., Nußholz, J., 2017. Bridging the gap: Barriers and potential for scaling reuse practices in the Swedish ICT sector. Res., Cons. & Recy. Article im Erscheinen. http://dx.doi.org/10.1016/j.resconrec.2017.07.029

Wirtz, B.W., Pistoia, A., Ullrich, S., Göttel, V., 2016. Business models: Origin, development and future research perspectives. Lon. Rang. Plan. 49, 36-54. https://doi.org/10.1016/j.lrp.2015.04.001

Witjes, S., Lozano, R., 2016. Towards a more Circular Economy: Proposing a framework linking sustainable public procurement and sustainable business models. Res., Cons. A. Recy. 112, 37-44. http://dx.doi.org/10.1016/j.resconrec.2016.04.015

WTO/ World Trade Organisation, 2011. Harnessing trade for sustainable development and a green economy. Verfügbar unter: https://www.wto.org/english/res_e/publications_e/brochure_rio_20_e.pdf

Zott, C., Amit, R. 2010. Businessmodel design: An activity system perspective. Lo. Rang. Plan. 43, 216-226. https://doi.org/10.1016/j.lrp.2009.07.004

ABBILDUNGSVERZEICHNIS

TABELLENVERZEICHNIS